DE L'EXISTENCE À L'EXISTANT

DU MÊME AUTEUR
À LA MÊME LIBRAIRIE

De Dieu qui vient à l'idée, 1982, 2ᵉ édition augmentée 1986, 1992 pour l'édition de poche, 4ᵉ tirage 2007, 272 pages.

En découvrant l'existence avec Husserl et Heidegger, 1949, 1967 pour la nouvelle édition suivie d'*Essais nouveaux*, 2001 pour l'édition de poche, 4ᵉ édition corrigée 2006, 3ᵉ tirage 2010, 336 pages.

Théorie de l'intuition dans la phénoménologie de Husserl, 1930, 9ᵉ tirage 2010, 224 pages.

BIBLIOTHÈQUE DES TEXTES PHILOSOPHIQUES

Emmanuel LEVINAS

DE L'EXISTENCE À L'EXISTANT

Seconde édition augmentée

LIBRAIRIE PHILOSOPHIQUE J. VRIN
6, Place de la Sorbonne
PARIS Ve

En application du Code de la Propriété Intellectuelle et notamment de ses articles L. 122-4, L. 122-5 et L. 335-2, toute représentation ou reproduction intégrale ou partielle faite sans le consentement de l'auteur ou de ses ayants droit ou ayants cause est illicite. Une telle représentation ou reproduction constituerait un délit de contrefaçon, puni de deux ans d'emprisonnement et de 150 000 euros d'amende.

Ne sont autorisées que les copies ou reproductions strictement réservées à l'usage privé du copiste et non destinées à une utilisation collective, ainsi que les analyses et courtes citations, sous réserve que soient indiqués clairement le nom de l'auteur et la source.

© *Librairie Philosophique J. VRIN*, 2013
© *Librairie Philosophique J. VRIN*, 1990 *pour l'édition de poche*
1947 *pour la première édition*

Imprimé en France

ISSN 0249-7972
ISBN 978-2-7116-0489-0

www.vrin.fr

PAE

L'étude que nous présentons a un caractère préparatoire. Elle parcourt et effleure un certain nombre de thèmes des recherches plus vastes consacrées au problème du Bien, au Temps et à la Relation avec Autrui, comme mouvement vers le Bien. La formule platonicienne plaçant le Bien au delà de l'être est l'indication la plus générale et la plus vide qui les guide. Elle signifie que le mouvement qui conduit un existant vers le Bien n'est pas une transcendance par laquelle l'existant s'élève à une existence supérieure, mais une sortie de l'être et des catégories qui le décrivent : une ex-cendance. Mais l'ex-cendance et le Bonheur ont nécessairement pied dans l'être et c'est pourquoi, être vaut mieux que ne pas être.

A cette position dans l'être se limite le thème du présent travail. L'exposé ne peut cependant | masquer les perspec- 10 tives où il se situe et il anticipe constamment sur les développements réservés à un autre ouvrage.

L'ensemble de ces recherches commencées avant la guerre, a été poursuivi et, en majeure partie, rédigé en captivité. Le stalag n'est pas évoqué ici comme une garantie de profondeur, ni comme un droit à l'indulgence, mais comme une explication de l'absence de toute prise de position à l'égard des œuvres philosophiques publiées, avec tant d'éclat, entre 1940 et 1945.

NOTE DE L'ÉDITEUR

En marge de cette édition est indiquée la pagination de l'édition de 1947.

PRÉFACE À LA DEUXIÈME ÉDITION

La notion de l'*il y a* développée dans ce livre vieux de 30 ans, nous en semble être le morceau de résistance. Une négation qui se voudrait absolue, niant tout existant – jusqu'à l'existant qu'est la pensée effectuant cette négation même – ne saurait mettre fin à la « scène » toujours ouverte de l'être, de l'être au sens verbal : être anonyme qu'aucun étant ne revendique, être sans étants ou sans êtres, incessant « remue-ménage » pour reprendre une métaphore de Blanchot, *il y a* impersonnel, comme un « il pleut » ou un « il fait nuit ». Terme foncièrement distinct du « es giebt » heideggerien. Il n'a jamais été ni la traduction, ni la démarque de l'expression allemande et de ses connotations d'abondance et de générosité. L'*il y a*, par nous décrit en captivité et présenté dans cet ouvrage paru au lendemain | de la Libération, remonte à l'une de ces étranges obses- 11 sions qu'on garde de l'enfance et qui reparaissent dans l'insomnie quand le silence résonne et le vide reste plein.

Les énoncés qui se greffent sur le thème central de l'*il y a* et même les conclusions qui les achèvent dans ce livre de 1947, conservent, à leur niveau, leur sens. Il est probable, néanmoins, qu'ils décident, parfois prématurément, des possibles que cette notion comporte. Qu'il soit donc permis d'indiquer les éléments auxquels, dans ces développements, on attache, encore aujourd'hui, une certaine importance. Ce sont, dans les textes de la première partie de l'ouvrage où est tentée une phénoménologie de la paresse, de la fatigue, de l'effort, certains traits marqués par le caractère désertique, obsédant et horrible de l'*être*, entendu selon l'*il y a*; mais c'est surtout la description de cet *il y a* même et l'insistance sur son inhumaine *neutralité*. Neutralité à surmonter déjà dans *l'hypostase* où l'être, plus fort que la négation, se soumet, si on peut dire, aux êtres, l'existence à l'existant. C'est cette hypostase, cette *position* qu'essaient d'approcher dans « De l'existence à l'existant » la plupart des descriptions.

Mais la dé-neutralisation ne saurait prendre son sens véritablement humain dans le *conatus essendi* des vivants – des existants – ni dans le monde où ils se tiennent et où la sauvagerie de leurs *soucis de soi* se civilise, mais tourne à l'indifférence, à l'équilibre anonyme de forces et ainsi, s'il le faut, à la guerre. In-différence qui se maintient dans l'égoïsme d'un salut recherché par-delà le monde, mais sans égard pour les autres. D'où l'actualité que nous prêtons à des passages où s'expose la dé-fection de l'hypostase, qui ne retourne pas à l'*il y a*. Son nouveau sens, plus aigu que l'*étantité* de l'étant, le moi le découvre dans la proximité d'autrui structurée comme une dissymétrie : jamais ma relation à l'égard du prochain n'est la réciproque de 12 celle qui va de lui | à moi car jamais je ne suis quitte envers l'autre. La relation est irréversible. Voilà une dé-neutralisation de l'être, qui laisse enfin entrevoir la signification éthique du mot *bien*. Voilà une irréversibilité qui suggère un rapprochement entre l'«en-face-d'autrui», socialité originaire, et la temporalité. Celle-ci ne sera pas liée à l'être-pour-la-mort[1]. Dans des études plus récentes, c'est en partant de la relation avec autrui et du retournement de l'«égoïté» du Moi qu'elle signifie, qu'ont pu être abordés les thèmes de la transcendance et essayées des analyses de la temporalité comme Désir de l'Infini.

Entrevoir dans l'«existant», dans l'*étant* humain, et dans ce que Heidegger appellera «étantité de l'étant», non pas une occultation et une «dissimulation» de l'être, mais une étape vers le Bien et vers la relation à Dieu et, dans le rapport entre étants, autre chose que la «métaphysique finissante», ne signifie pas que l'on inverse simplement les termes de la fameuse différence heideggerienne en privilégiant l'étant au détriment de l'être[2]. Ce renversement n'aura été que le premier pas d'un mouvement qui, s'ouvrant sur une éthique plus vieille que l'ontologie, laissera signifier des significations d'au-delà de la différence ontologique, ce que, sans doute, est, en fin de compte, la signification même de l'Infini. C'est la démarche philosophique allant de «Totalité et Infini» à «Autrement qu'être»[3].

1. Indiquée dans «De l'existence à l'existant» cette relation entre «le temps et l'autre» aura été développée pour la première fois sous ce titre, dans quatre conférences données en 1947/48 au Collège Philosophique de Jean Wahl.

2. Comme le suppose Jean-Luc Marion dans son remarquable ouvrage l'*Idole et la Distance*, [Paris, Grasset, 1977].

3. *Cf.* nos *Totalité et Infini* (1961) et *Autrement qu'être ou au delà de l'essence* (1974) publiés l'un et l'autre dans la collection *Phaenomenologica* chez Nijhoff, à la Haye.

Démarche qui ne saurait a-boutir. L'Infini n'est précisément pas un terme. La Recherche et la Question 13 | qui inspirent cette Démarche viennent du Désir de l'Infini. Elles subissent une mutation dans la Connaissance que le Désir de l'Infini appelle ou suscite[1]. Là, Recherche et Question apparaissent dans les corrélations «recherche-invention» et «question-réponse». Mais quand la Connaissance, devenant Philosophie, veut *donner satisfaction* au Désir de l'Infini, comme on donne une réponse à une question dans le processus de la connaissance, la Question ressurgit. Elle ressurgit toujours en philosophie de derrière les réponses. La question a le dernier mot, révélant ainsi sa naissance oubliée dans le Désir de l'Infini.

On est certes mal venu d'entreprendre un discours où un auteur semble décrire sa propre évolution. On s'expose au soupçon de mettre les incohérences d'une pensée sur le compte de son devenir. Mais des «maîtres» qui, comme à l'école, sont prompts à vous corriger et à relever des contradictions et des maladresses, sont fortement aidés dans leur censure par le caractère inévitablement successif de toute recherche. Celle qui, en 1947, inscrivait dans son avant-propos l'intention de porter sur le Bien et sur le Temps et «sur la relation avec autrui comme mouvement vers le Bien» et qui prenait pour guide «la formule platonicienne plaçant le Bien au delà de l'être», est restée fidèle à sa finalité même si elle a varié dans sa terminologie, ses formules, ses concepts opératoires et certaines de ses thèses.

---

1. Cf. *Autrement qu'être ou au-delà de l'essence*, op. cit., p. 195-207.

La nouvelle édition de ce livre est conforme à la précédente. Les positions exprimées dans la préface à la deuxième édition demeurent sans changement et situent d'une façon très correcte ce volume de 1947 par rapport à l'œuvre qui l'a suivi.

Septembre 1981

La distinction entre ce qui existe et cette existence même, entre l'individu, le genre, la collectivité, Dieu, qui sont des êtres désignés par des substantifs et l'événement ou l'acte de leur existence, s'impose à la méditation philosophique et s'efface pour elle avec la même facilité. Il y a comme un vertige pour la pensée à se pencher sur le vide du verbe *exister* dont on ne peut, semble-t-il, rien dire et qui ne devient intelligible que dans son participe – l'existant – dans ce qui existe. La pensée glisse insensiblement de la notion de l'être en tant qu'être, de ce par quoi un existant existe – à l'idée de cause de l'existence, d'un « étant en général », d'un Dieu, dont l'essence ne contiendra à la rigueur que l'existence, mais qui n'en sera pas moins un « étant » et non pas le fait ou l'action, ou l'événement pur|ou l'œuvre d'être. Celle-ci sera comprise dans sa **16** confusion, avec l'« étant ».

La difficulté de séparer être et « étant » et la tendance à envisager l'un dans l'autre, n'ont certes rien d'accidentel. Elles tiennent à l'habitude de situer l'instant, atome du temps, au delà de tout événement. La relation entre « étant » et « être », ne relie pas deux termes indépendants.

L'«étant» a déjà fait contrat avec l'être; on ne saurait l'isoler. Il est. Il exerce déjà sur l'être la domination même que le sujet exerce sur l'attribut. Il l'exerce dans l'instant qui, à l'analyse phénoménologique, est indécomposable.

Mais on peut se demander si cette adhérence de l'«étant» à l'être est simplement donnée dans l'instant, si elle n'est pas accomplie par la *stance* même de l'instant; si l'instant n'est pas l'événement même par lequel dans le pur acte, dans le pur verbe d'être, dans l'*être en général*, se pose un «étant», un substantif qui s'en rend maître; si l'instant n'est pas la «polarisation» de l'*être en général*. Le commencement, l'origine, la naissance, offrent précisément une dialectique où cet événement au sein de l'instant devient sensible. Pour l'«étant» qui commence, il n'y a pas seulement à trouver une cause qui le crée, mais à expliquer ce qui, en lui, accueille l'existence. Non pas que la naissance soit la réception d'un dépôt ou d'un don par un sujet préexistant; même la création *ex nihilo*, | qui comporte de la part de la créature une pure passivité, lui impose, dans l'instant du surgissement, qui est encore l'instant de création, un acte sur son être, la maîtrise du sujet sur son attribut. Le commencement est déjà cette possession et cette activité d'être. L'instant n'est pas fait d'un bloc, il est articulé. C'est par cette articulation qu'il se distingue de l'éternel qui est simple et étranger à l'événement.

Détaché de l'«étant» qui le domine, l'événement d'être, l'être en général, qu'est-il? Que signifie sa généralité? Assurément autre chose que la généralité du genre. Déjà le «quelque chose» en général, la forme pure d'objet, qui exprime l'idée de l'«étant» en général, se place au-dessus du genre, puisqu'on n'en descend pas vers les espèces par adjonction de différences spécifiques. L'idée de l'« étant » en général mérite déjà le nom de transcendant que les aristotéliciens médiévaux appliquaient à l'un, à l'être et au bien. Mais la généralité de l'être – de ce qui fait l'existence de l'existant – n'équivaut pas à cette transcendance-là. L'être se refuse à toute spécification et ne spécifie rien. Il n'est ni une qualité qu'un objet supporte, ni le support de qualités, ni l'acte d'un sujet, et cependant, dans la formule « ceci est », l'être devient attribut, puisque nous sommes immédiatement obligés de déclarer que cet attribut n'ajoute rien au sujet. Ne faut-il pas dès lors, dans | la diffi- 18 culté même de comprendre la catégorie selon laquelle l'être appartient à un « étant », voir la marque du caractère impersonnel de l'être en général? L'être en général ne devient-il pas l'être d'un « étant » par une inversion, par l'événement qu'est le présent et qui constitue le thème principal de ce livre? Et si, par lui-même, l'être se refuse à la forme personnelle, comment l'approcher? [1]

Ce travail s'articule donc de la manière suivante : il cherche à approcher l'idée de l'être en général dans son impersonnalité pour analyser ensuite la notion du présent et de la position où, dans l'être impersonnel surgit, comme par l'effet d'une hypostase, un être, un sujet, un existant. Mais ces questions n'ont pas été posées à partir d'elles-mêmes. Elles nous semblent procéder de certaines positions de l'ontologie contemporaine qui a permis de renouveler la *problématique* philosophique.

---

1. Le début de la présente *Introduction* a été publié, suivi du paragraphe 2 du chapitre 3 de ce travail, dans *Deucalion 1* sous le titre *Il y a*.

Le renouveau de l'ontologie dans la philosophie contemporaine n'a plus rien de commun avec le réalisme. La recherche ne suppose pas une affirmation de l'existence du monde extérieur et de son primat par rapport à la connaissance. Elle affirme que le fait essentiel de la spiri-
19 tualité humaine ne | réside pas dans notre relation avec les choses qui composent le monde, mais est déterminée par une relation que, de par notre existence, nous entretenons d'ores et déjà avec le fait même qu'il y a de l'être, avec la nudité de ce simple fait. Cette relation, loin de masquer une tautologie, constitue un événement dont la réalité et le caractère en quelque manière, surprenant, s'annoncent dans l'inquiétude qui l'accomplit. Le mal de l'être, le mal de la matière de la philosophie idéaliste, devient le mal d'être.

La préoccupation de cette relation entre le moi et son existence, l'apparition de l'existence comme d'une charge à assumer, devient particulièrement poignante dans certaines situations que l'analyse philosophique laissait d'habitude à la psychologie et auxquelles nous allons nous attacher – la fatigue et la paresse.

Si au début, nos réflexions s'inspirent dans une large mesure – pour la notion de l'ontologie et de la relation que l'homme entretient avec l'être – de la philosophie de Martin Heidegger, elles sont commandées par un besoin profond de quitter le climat de cette philosophie et par la conviction que l'on ne saurait en sortir vers une philosophie qu'on pourrait qualifier de pré-heideggerienne.

L'idée qui semble présider à l'interprétation heideg-gerienne de l'existence humaine, consiste à concevoir
20 l'existence comme extase, possible, dès | lors, uniquement comme une extase *vers la fin*; et, comme conséquence,

à situer le tragique de l'existence dans cette finitude et dans ce néant dans lequel l'homme se jette au fur et à mesure qu'il existe. L'angoisse, compréhension du néant, n'est compréhension de l'être que dans la mesure où l'être lui-même se détermine par le néant. L'être sans angoisse serait l'être infini, si toutefois cette notion n'était pas contradictoire. La dialectique de l'être et du néant continue à dominer l'ontologie heideggerienne où le mal est toujours défaut, c'est-à-dire déficience, manque d'être, c'est-à-dire néant.

Nous allons essayer de mettre en question l'idée que le mal est défaut. L'être ne comporte-t-il pas d'autre vice que sa limitation et que le néant ? N'a-t-il pas dans sa positivité même quelque mal foncier ? L'angoisse devant l'être – l'horreur de l'être – n'est-elle pas aussi originelle que l'angoisse devant la mort ? La peur d'être aussi originelle que la peur pour l'être ? Plus originelle même, car de celle-ci il pourrait être rendu compte par celle-là. L'être et le néant, équivalents ou coordonnés dans la philosophie de Heidegger ne sont-ils pas des phases d'un fait d'existence plus général, que le néant ne constitue plus en aucune façon, que nous appellerons le fait de l'*il y a* et où se trouvent confondues l'existence subjective dont part la philosophie existentielle et l'existence objective de | l'ancien réalisme ? 21 C'est parce que l'*il y a* nous tient totalement que nous ne pouvons pas prendre à la légère le néant et la mort et que nous tremblons devant eux. La peur du néant ne mesure que notre engagement dans l'être. C'est par elle-même, et non pas en vertu de sa finitude, que l'existence recèle un tragique que la mort ne saurait résoudre.

| LA RELATION AVEC L'EXISTENCE ET L'INSTANT

Des expressions comme « monde cassé » ou « monde bouleversé », pour courantes et banales qu'elles soient devenues, n'en expriment pas moins un sentiment authentique. La divergence entre les événements et l'ordre rationnel, l'impénétrabilité réciproque des esprits opaques comme la matière, la multiplication des logiques, absurdes les unes pour les autres, l'impossibilité pour le *moi* de rejoindre le *toi*, et, par conséquent, l'inaptitude de l'intelligence à ce qui devait en être la fonction essentielle – autant de constatations qui, dans le crépuscule d'un monde, réveillent l'antique obsession de la fin du monde.

Ce terme débarrassé de toute réminiscence mythologique, exprime un moment de la destinée humaine dont l'analyse est à même de dégager la | signification. Moment 26 limite qui comporte, par là-même des enseignements privilégiés. Car là où le jeu perpétuel de nos relations avec le monde est interrompu, on ne trouve pas, comme on aurait tort de le penser, la mort, ni le « moi pur », mais le fait anonyme de l'être. La relation avec un monde n'est pas synonyme de l'existence. Celle-ci est antérieure au monde. Dans la situation de la fin du monde se pose la relation première qui nous rattache à l'être.

Mais le mot relation n'est pas propre ici. Il suppose des termes, donc des substantifs. Il les suppose coordonnés, mais aussi indépendants. La relation avec l'être n'y ressemble que de fort loin. Elle est relation par analogie. Car l'être auquel la disparition du monde nous rend vigilants n'est pas une personne, ni une chose, ni la totalité des personnes et des choses. C'est, le fait qu'on est, le fait qu'*il y a*. Celui qui est ou ce qui est n'entre pas en communication avec son existence en vertu d'une décision prise antérieurement au drame, avant le lever du rideau. Il assume précisément cette existence en existant déjà. Mais il n'en reste pas moins vrai que, dans le fait d'exister, en dehors de toute pensée, de toute affectivité, de toute activité dirigée sur les choses et les personnes, qui constituent la conduite de la vie, s'accomplit un événement non pareil et préalable de participation à l'existence, un événement de naissance. Dans la

27 perspective de | la vie économique où les instants se valent et se compensent, il est de tous les moments.

Conquête de l'être qui recommence perpétuellement, comme si elle se passait dans le temps cartésien aux instants discrets dont chacun vient du néant.

Ce n'est pas l'hypostase artificielle et arbitraire de deux termes d'une tautologie qui nous permet de mettre à part ce qui existe, pour imaginer ensuite un acte par lequel l'existant s'empare de son existence. Nous ne sommes pas dupes de la dualité verbale de la répétition. La dualité de l'existence et de l'existant est certes paradoxale – puisque ce qui existe ne peut rien conquérir s'il n'existe pas déjà. Mais la vérité de cette «dualité», l'accomplissement de cette conquête sont attestés par certains moments de l'existence humaine où l'adhérence de l'existence à l'existant apparaît comme un clivage.

Le contact de la lumière, l'acte d'ouvrir les yeux, l'illumination de la simple sensation, sont apparemment en dehors de la relation, ne s'articulent pas comme réponses à des questions. La lumière illumine et est naturellement comprise, elle est le fait même de la compréhension. Mais à l'intérieur de cette corrélation naturelle entre nous et le monde, par une espèce de dédoublement, s'affirme une question : l'étonnement devant cette illumination. L'étonnement que Platon pose au début de la | philosophie est un **28** étonnement devant le naturel et l'intelligible. C'est l'intelligibilité même de la lumière qui est quelque chose d'étonnant : la lumière est doublée de nuit. L'étonnement ne se produit pas par rapport à un ordre quelconque plus naturel que la nature, mais uniquement devant l'intelligible lui-même. Son étrangeté, pourrions-nous dire, tient à son fait même ; au fait qu'il y a de l'existence. La question d'être est l'expérience même de l'être dans son étrangeté. Elle est donc une manière de l'assumer. C'est pourquoi la question de l'être : *qu'est-ce que l'être ?* n'a jamais comporté de réponse. L'être est sans réponse. La direction dans laquelle cette réponse devrait être cherchée est absolument impossible à envisager. La question est la manifestation même de la relation avec l'être. L'être est essentiellement étranger et nous heurte. Nous subissons son étreinte étouffante comme la nuit, mais il ne répond pas. Il est le mal d'être. Si la philosophie est la question de l'être – elle est déjà assomption de l'être. Et si elle est plus que cette question c'est qu'elle permet de dépasser la question et non pas d'y répondre. Ce qu'il peut y avoir de plus que la question de l'être, ce n'est pas une vérité, mais le bien.

Mais revenons aux formes concrètes de l'adhérence de l'existant à l'existence où s'esquisse déjà leur séparation.

29 | A l'égard de son existence, l'homme est, en effet, en mesure de prendre une attitude. Déjà dans ce qu'on appelle la lutte pour la vie, par delà les choses susceptibles de satisfaire nos besoins, que cette lutte se propose de conquérir, il y a l'objectif de l'existence elle-même, de l'existence pure et simple, la possibilité pour l'existence pure et simple de devenir un objectif. Il y a dans la lutte pour la vie et dans la place privilégiée que cette notion s'est assurée dans l'interprétation de la vie, la rupture avec les idées de la tradition sur la relation entre ce qui existe et son existence. L'influence de cette notion accréditée par le développement des sciences biologiques du XIXe siècle, sur toute la philosophie contemporaine est incalculable. Désormais la vie apparaît comme le prototype de la relation entre existant et existence. jusqu'alors, l'existence, dont l'être était pourvu par décret divin quand il ne la tirait pas de son essence, lui appartenait d'une manière quasi-insensible et naturelle. Que cette appartenance soit la lutte même de la vie, voilà l'idée nouvelle et fondamentale.

Mais la lutte pour l'existence ne permet pas de saisir la relation de l'existant avec son existence à la profondeur qui nous intéresse. Prise au niveau du temps de l'économie où elle est habituellement envisagée, elle apparaît comme la lutte pour un avenir, comme le souci que l'être prend de sa durée et de sa conservation. Lutte de l'être déjà
30 | existant pour la prolongation de cette existence ; et non pas naissance perpétuelle, comprise comme une opération distincte par laquelle l'existant s'empare de son existence indépendamment de toute technique de conservation.

Aussi, pour attester la vérité de cette opération, laisserons-nous de côté toute attitude à l'égard de l'existence qui procède de la réflexion et par laquelle l'existence déjà constituée se penche sur elle-même. L'attitude que comporte la méditation sur le «sens de la vie», le pessimisme ou l'optimisme, le suicide ou l'amour de la vie, quelque profondes que soient les racines qui la rattachent à l'opération par laquelle l'être naît à l'existence, se place déjà au delà de cette naissance.

Il s'agit de saisir cet événement de naissance dans des phénomènes antérieurs à la réflexion. La fatigue et la paresse auxquelles une analyse de philosophie pure, étrangère à toute préoccupation morale ne s'est jamais attaquée, sont des positions à l'égard de l'existence par leur accomplissement même. Ce sont certes des «contenus de conscience» comme les pensées, les sentiments, les volitions. Mais la réflexion seule confère ce titre de pure forme à tous les événements de notre histoire en les étalant comme des contenus et en dissimulant leur caractère dramatique d'événements. La fatigue et la paresse, en tant que contenus, ne révèlent pas ce qu'elles accomplissent, ou, en l'espèce, ce dont | elles sont la fin de non-recevoir impuis- **31** sante. Toute leur réalité est faite de ce refus. Les apercevoir comme contenus, c'est les situer d'abord comme «réalité psychique» dans la trame de la conscience et leur prêter à titre secondaire – comme attribut de leur substance psychique – une intention de refus, une pensée de refus. C'est interpréter comme refus théorique l'événement de refus qu'elles sont dans leur production même, le recul devant l'existence qui fait leur existence.

Il existe une lassitude qui est lassitude de tout et de tous, mais surtout lassitude de soi. Ce qui lasse alors, ce n'est pas une forme particulière de notre vie – notre milieu, parce qu'il est banal et morne, notre entourage, parce qu'il est vulgaire et cruel – la lassitude vise l'existence même. Au lieu de s'oublier dans la légèreté essentielle du sourire, où l'existence se fait innocemment, où dans sa plénitude même elle flotte comme privée de poids et où, gratuit et gracieux, son épanouissement est comme un évanouissement, l'existence dans la lassitude est comme un rappel d'un engagement à exister, de tout le sérieux, de toute la dureté d'un contrat irrésiliable. Il faut faire quelque chose, il faut entreprendre et aspirer. En dépit du faux sourire du sceptique intégral qui s'abstient d'agir et d'aspirer après avoir mis en suspens ses jugements, l'obligation du contrat s'impose
32 comme un « il faut » inévitable. Présent comme une | âme au fond de la nécessité d'agir et d'entreprendre, il lui donne son accent. C'est de cette obligation dernière que la lassitude est cependant un impossible refus. C'est de l'existence même et non de l'un de ses décors, dans la nostalgie d'un ciel plus beau, que dans la lassitude nous voulons nous évader. Evasion sans itinéraire et sans terme, elle n'est pas pour accoster quelque part. Comme pour les vrais voyageurs de Baudelaire, il s'agit de partir pour partir.

Mais en distinguant dans la lassitude le mouvement par lequel l'existant s'empare de son existence par l'hésitation du refus, et où, par conséquent, s'affirme le rapport spécifique avec l'existence – la naissance en tant que relation – il ne faut pas confondre cette relation avec un jugement. La lassitude ne s'affirme pas comme un jugement sur le mal d'être, jugement coloré d'une tonalité affective, d'un

« contenu » de lassitude. Avant tout jugement, se lasser de tout et de tous, c'est abdiquer l'existence. Le refus est *dans* la lassitude ; la lassitude par tout son être accomplit ce refus d'exister ; elle n'est que par lui ; elle est, si on peut dire, la manière même dont le phénomène du refus d'exister peut s'accomplir, tout comme dans l'ordre de l'expérience, la vision seule est appréhension de la lumière, l'audition seule perception du son.

La paresse n'est ni l'oisiveté, ni le repos. Elle | comporte, comme la fatigue, une attitude à l'égard de 33 l'acte. Mais elle n'est pas une simple indécision, un embarras du choix. Elle ne ressort pas d'un défaut de délibération, car elle ne délibère pas sur la fin. Elle se place après l'intention. Comme dans le fameux exemple de William James, elle se trouve entre le devoir clair de se lever et la pose du pied sur la descente du lit. Mais elle n'est pas non plus une impossibilité matérielle d'exécuter un acte, passant nos forces, ni la conscience de cette impossibilité, puisqu'elle peut être surmontée et puisque la certitude de cette possibilité fait la mauvaise conscience de la paresse. Elle est certes dans un certain sens une aversion pour l'effort ; mais dans quel sens ? Est-ce le contenu de déplaisir, de douleur inclus dans l'effort qu'elle pressent et redoute ? Mais la paresse n'est pas une peur de la douleur, ni même une espèce de cette peur. Le terme générique de douleur n'exprime rien de la spécificité de la peine de l'effort, ne nous permet pas, par conséquent, de saisir la signification de la paresse.

Elle est essentiellement liée au commencement de l'acte : se déranger, se lever. « Oh ! ne les faites pas lever !

c'est le naufrage…»», dit Rimbaud des «Assis» qui
suppurent la paresse essentielle et désespérée. La paresse
se rapporte au commencement comme si l'existence n'y
accédait pas d'emblée, mais la prévivait dans une inhi-
bition. Il y a ici plus qu'un espace de durée s'écoulant
34 | insensiblement entre deux instants; à moins que l'inhi-
bition de la paresse ne soit pas aussi la révélation du
commencement que chaque instant accomplit par sa vertu
d'instant.

La paresse est une impossibilité de commencer ou si
l'on préfère, elle est l'accomplissement du commencement.
Elle peut être inhérente à l'acte en train de se faire; c'est
qu'alors précisément l'exécution roule comme sur une
route mal pavée, cahotée par les instants dont chacun est un
recommencement – la besogne ne marche pas, ne colle pas,
apparaît dans une discontinuité qui est, peut-etre sa nature
même.

Le jeu *commence* aussi, mais son commencement
manque de sérieux. Il est la légèreté même. On peut, à tout
instant, en tirer son épingle. Il se compose de gestes, de
mouvements, de décisions, de sentiments, autant d'actes
qui commencent, mais sa réalité de jeu se situe au-dessus
de cette base et est essentiellement faite d'irréalité. C'est
pourquoi la réalité scénique – et chose remarquable, cela ne
s'est jamais dit ni d'un poème, ni d'un tableau – a toujours
été interprétée comme jeu. En tant que réalité, elle ne laisse
pas de traces. Le néant qui la précède est égal à celui qui la
suit. Ses événements n'ont pas de vrai temps. Le jeu n'a pas
d'histoire. Il est cette existence paradoxale qui ne se pro-
longe pas en avoir. L'instant du jeu est, mais il ne tient
35 pas à lui-même. Il n'entretient | pas avec lui-même une

relation de possession. Il n'a rien, ne lègue rien après son évanouissement, sombrant « armes et bagages » dans le néant. Et il peut si magnifiquement finir parce qu'il n'a jamais commencé pour de bon. Un temple désaffecté est encore habité par son Dieu, une vieille maison délabrée est encore hantée par les fantômes de ceux qui y vécurent ; un théâtre vide est affreusement désert. On peut y sentir la présence de Sarah Bernhardt ou de Coquelin qui y ont agi, mais Phèdre ou Cyrano de Bergerac n'y ont rien laissé de leur désespoir ou de leur tristesse. Ils s'y dissipèrent comme de légères nuées, se mêlant indifféremment les unes aux autres, portant la marque du même néant qui constitue l'atmosphère essentielle du théâtre après la représentation.

Le commencement de l'acte n'est pas « libre comme le vent ». L'élan, lui, est simplement présent et prêt. Il commence disponible et va droit devant lui. Il est sans avoir rien à perdre, sans se soucier de rien, car ne possédant rien. Ou il est comme l'embrasement où le feu consomme son être en se consumant. Le commencement ne ressemble pas à la liberté, à la simplicité, à la gratuité que ces images suggèrent et qui dans le jeu s'imitent. Dans l'instant du commencement, il y a déjà quelque chose à perdre, car quelque chose est déjà possédé, ne fût-ce que cet instant lui-même. Le commencement *n'est* pas seulement, il se possède dans un | retour sur lui-même. Le mouvement de **36** l'acte s'infléchit vers son point de départ en même temps qu'il va vers son but et par là, en même temps qu'il est, il se possède. Nous sommes comme dans un voyage où il faut toujours s'occuper de ses bagages, de ceux qui restent ou de ceux qui attendent. L'acte n'est pas pur. Son être se double d'un avoir qui à la fois est possédé et possède. Le commencement de l'acte est déjà une appartenance et un souci de ce à quoi il appartient et de ce qui lui appartient. C'est en tant qu'il s'appartient qu'il se conserve, qu'il devient lui-même un substantif, un être. Par là aussi, il est essentiellement besogne. Il est souci de lui-même. Le souci n'est pas comme le pense Heidegger, l'acte même d'être au bord du néant; il est imposé, au contraire, par la solidité de l'être qui commence et qui est déjà embarrassé par le trop plein de lui-même. Au lieu d'être pauvre et nu, il affirme son incorruptibilité dans la pleine possession de lui-même. Il possède des richesses qui sont source de souci, avant d'être source de jouissance.

Commencer pour de bon, c'est commencer en se possédant inaliénablement. C'est donc ne pas pouvoir revenir en arrière. C'est s'embarquer et couper les amarres. Dès lors, il faut courir l'aventure jusqu'au bout. Inter-rompre ce qui a été vraiment commencé est une manière de le terminer sur un échec et non pas abolir le commen-37 cement. | L'échec fait partie de l'aventure. Ce qui a été interrompu ne sombre pas dans le néant comme le jeu. C'est dire que l'acte est l'inscription même dans l'être. Et la paresse en tant que recul devant l'acte est une hésitation devant l'existence, une paresse d'exister.

Mais refus à l'égard de l'acte, impossibilité de commencer, la paresse ne se réfère-t-elle pas à l'inaction même comme à un état? Engourdi dans notre lit, nous refusant à tout acte, ne réalisons-nous pas la paresse comme un événement positif dans le bonheur d'être enfermé dans notre coquille? La paresse n'est-elle pas le charme de la grasse matinée?

Dans la mesure où cet état n'est pas le sommeil ou la somnolence – et nous reviendrons plus loin sur la signification ontologique du sommeil – il n'est pas la paix. Le « il faut tenter de vivre » du *Cimetière marin* le traverse comme une inquiétude et par là la relation à l'existence et à l'acte apparaît au sein de la paresse la plus douce. La paresse accable, le désœuvrement pèse, ennuie. L'homme de la jouissance, de l'amusement, de la distraction fuit la paresse autant que le travail.

Le fait d'exister comporte une relation par laquelle l'existant fait contrat avec l'existence. Il est dualité. L'existence manque essentiellement de simplicité. Le moi possède un soi, où il ne se reflète pas seulement, mais auquel il a affaire comme à un | compagnon ou à un partenaire, relation **38** qu'on appelle intimité. Il n'est jamais ni innocemment seul, ni innocemment pauvre. Le Royaume des Cieux lui est déjà fermé. L'existence projette une ombre qui la poursuit infatigablement. Elle ne s'y mire pas dans l'innocence de Narcisse, épousant son image, mais apprend avec elle l'échec de son innocence. Petit-Jean le bêta – Jean le simple ou l'innocent – du conte populaire russe, jetant en pâture à son ombre, pour lui échapper, le déjeuner qu'on le charge de porter à son père aux champs et qu'ainsi dépouillé, l'ombre ne lâche pas comme une dernière et inaliénable possession.

L'existence traîne un poids – ne fût-ce qu'elle-même – qui complique son voyage d'existence. Chargée d'elle-même – *omnia sua secum portans* – elle n'a pas le calme serein du sage antique. Elle n'existe pas purement et simplement. Son mouvement d'existence qui pourrait être pur et droit s'infléchit et s'embourbe en lui-même, révélant dans le verbe *être* son caractère de verbe réfléchi : on n'est pas, on *s'est*.

C'est à l'égard de cette entreprise que la paresse est paresse. La peine de l'acte dont le paresseux s'abstient n'est pas un contenu psychologique quelconque de douleur, mais un refus d'entreprendre, de posséder, de s'occuper. C'est à l'égard de l'existence elle-même comme charge que la paresse est une aversion impuissante et sans joie. C'est une

39 | peur de vivre qui n'en est pas moins une vie où la crainte de l'inaccoutumé, de l'aventure et de ses inconnues tire sa nausée de l'aversion pour l'entreprise de l'existence. Telle la paresse d'Oblomoff, dans cette histoire d'une paresse radicale et tragique d'exister qu'est l'œuvre célèbre du romancier russe. Gontcharoff nous présente son héros dès la première page du roman, comme étendu et ce *decubitus* existentiel reste l'image dominante.

Ce qui saisit la fatigue qui y répugne dans l'exercice même de l'existence, ce contre quoi elle se refuse impuissamment dans un corps à corps, la paresse s'y refuse en refusant le corps à corps. Elle veut laisser l'existence, « cette farce à mener par tous » de Rimbaud à se jouer sans elle. Mais dans cette négation de deuxième degré, elle n'en est pas moins un accomplissement de l'être : son essence amère lui monte de sa désertion qui atteste son contrat. Et là encore, l'existence apparaît en tant que relation avec l'existence.

Mais ce qui est essentiel dans la paresse, c'est sa place avant le commencement de l'acte en quelque manière sa direction sur un avenir. Elle n'est pas une pensée de l'avenir suivie d'une abstention d'agir. Elle est dans sa plénitude concrète une abstention d'avenir. La tragédie d'être qu'elle révèle n'en est que plus profonde. Elle est fatigue de l'avenir. Le commencement ne la sollicite pas comme une occasion de renaître, comme un instant | frais et joyeux, **40** comme un moment neuf; elle l'a déjà accompli avant la lettre comme un présent de fatigue. Elle annonce peut-être qu'à un sujet seul, l'avenir, un instant vierge, est impossible.

Pour préciser le lien qui nous est apparu entre l'être et l'acte, lorsque nous avons aperçu un « il faut être » au fond du « il faut faire », et lorsque le commencement de l'acte a semblé contenir la structure fondamentale de l'existence se dédoublant en être et en avoir et succombant sous la charge de son avoir, nous devons pousser plus loin l'analyse de la fatigue.

La fatigue, même et surtout la fatigue qu'on appelle à la légère physique, se présente d'abord comme un raidissement, un engourdissement, une manière de se recroqueviller. Épuisement ou empoisonnement musculaire pour le psychologue et le | physiologiste, elle s'impose à l'attention 42 du philosophe à un tout autre titre. Le philosophe se doit de se placer dans l'instant de fatigue et d'en découvrir l'événement. Non point sa signification par rapport à un système de références quelconque, mais l'événement secret dont cet instant est l'accomplissement, et non seulement l'aboutissement. D'ailleurs, fouiller l'instant, en chercher la dialectique qui s'espace dans une dimension encore insoupçonnée, tel est le principe essentiel de la méthode que nous adoptons et auquel l'ensemble de ces recherches, par l'application que nous en faisons, apportera les éclaircissements nécessaires.

L'engourdissement de la fatigue est bien caractéristique. Il est une impossibilité de suivre, décalage constant et croissant de l'être par rapport à ce à quoi il reste attaché, comme une main qui lâche peu à peu ce à quoi elle tient, qui lâche dans l'instant même où elle tient encore. Mieux qu'une cause de ce relâchement, la fatigue est ce relâchement même. Elle est cela, dans la mesure où elle ne se loge pas simplement dans une main qui lâche le poids qu'elle soulève avec fatigue, mais dans une main qui tient à ce qu'elle lâche; même lorsque elle l'a abandonné et qu'il lui en reste une crispation. Il n'y a, en effet, de fatigue que dans l'effort et le travail. Il y a certes la douce langueur de la lassitude, mais elle est déjà le sommeil où se tient l'acte dans sa fatigue même. Nous montrerons, | en effet, plus loin, que ce décalage de l'être par rapport à lui-même, que nous relevons comme caractéristique principale de la fatigue, constitue l'avènement de la conscience, c'est-à-dire d'un pouvoir de « suspendre » l'être par le sommeil et l'inconscience.

A quoi tenons-nous quand nous soulevons ce poids? Au but de cette opération certes. Elle prend une place systématique dans l'ensemble de nos occupations de la journée. Et nous y tenons librement. Il est dans notre pouvoir, si nous trouvons la valise trop lourde, de la déposer, de faire appel à un porteur plus robuste que nous, de renoncer à toute l'entreprise. S'il y a contrainte et servitude dans l'effort, cette contrainte ne peut, semble-t-il, que lui être extérieure, dans la mesure où le but à atteindre s'impose à notre volonté.

Toutefois l'instant de l'effort comporte davantage. Il marque un asservissement qui compromet notre liberté

dans un autre sens et d'une façon immédiate. Le Verbe
créateur est dans l'acte de la création une garantie de souveraineté précisément parce qu'il est parole. La parole se détache de celui qui la prononce; elle vole. Dieu vraiment
Dieu, n'a pas façonné lui-même la créature, n'a pas
mis comme le démiurge la main à la pâte, Son action est
magique. Le travail et l'effort humains supposent par
contre, un engagement dans lequel ils sont déjà installés.
Nous sommes attelés à la | tâche. Nous lui sommes livrés. 44
Il y a un abandon, un délaissement dans l'humilité de
l'homme qui peine courbé sur sa tâche. Malgré toute sa
liberté, l'effort révèle une condamnation. Il est fatigue et
peine. La fatigue n'y pointe pas comme un phénomène
d'accompagnement : c'est d'elle en quelque manière que
l'effort s'élance et c'est sur elle qu'il retombe.

L'effort s'élance de la fatigue et retombe sur elle. Ce
qu'on appelle la tension de l'effort est fait de cette dualité
d'élan et de fatigue. Le moment créateur de la force
s'accomplit certes malgré la fatigue par un risque. Mais
cette création *ex nihilo* en tant qu'effort doit dans son
instant même triompher du désespoir et du « lâchez tout »
de la fatigue. La traduction en langage physique de cette
dualité sous forme de deux vecteurs de sens contraires ne
remplace pas la description du fait concret de l'effort et de
sa dialectique interne où le moment créateur s'aventure en
quelque manière au delà d'une possession dont la fatigue
marque la limite et la charge en retardant l'élan. Situation
qu'il ne faut pas décrire non plus comme simple enregis-
trement par la conscience de ce jeu de forces physiques.
L'effort n'est pas une connaissance. C'est un événement.
Dans l'avance sur soi-même et sur le présent, dans l'extase

de l'élan qui brûle le présent en anticipant, la fatigue marque un retard sur soi et sur le présent. Le moment par
45 | lequel l'élan est au delà est conditionné par le fait qu'il est en deçà. Ce qu'on appelle le dynamisme de l'élan est fait de ces deux moments à la fois, et non pas de l'anticipation de l'avenir comme le veulent les analyses classiques qui négligent le phénomène de la fatigue. L'effort est un effort de présent dans un retard sur le présent.

Mais à quoi la fatigue est-elle condamnation ? Le but de l'effort est librement choisi. Nous ne sommes pas voués à lui. Dira-t-on que la résistance de la matière étant la raison de l'effort, la condamnation dont nous parlons ne serait que le désespoir d'un être fini inférieur à ses ambitions et trop faible pour le monde ? Mais l'effort peut être victorieux, et, par conséquent, à la mesure des réalités auxquelles il s'attaque. Mais surtout la notion de l'acte, supposé dans cette image de lutte avec la matière, est une notion que les philosophes se donnent purement et simplement. Elle n'est pas déduite, c'est-à-dire que sa place dans l'économie de l'être n'est pas marquée philosophiquement. On ne peut donc pas en la faisant intervenir et en y associant une notion tout aussi obscure de matière et de sa résistance, rendre compte du fait humain et concret de l'effort et de la fatigue. C'est au contraire en partant de l'instant de l'effort et de sa dialectique interne que nous pourrons peut-être saisir la notion de l'activité et son rôle dans l'existence humaine.

46   Le sens de la condamnation que l'effort porte | en lui, ce par quoi il est attelé à la tâche, nous apparaîtra si nous découvrons sa relation avec l'instant. La magie est indifférente à la durée. C'est le château édifié en une nuit, c'est la brusque apparition du carrosse doré sur un simple coup de la baguette magique. La baguette est un attribut inaliénable du magicien. Elle frappe un coup qui est aussi la limite du temps où le magicien suivra son œuvre. Il ne s'engagera pas dans l'instant où l'œuvre se fait véritablement. Il la suit de loin. Le travail et l'effort humains sont au contraire une façon de suivre pas à pas l'œuvre qui s'accomplit.

En écoutant une mélodie, nous suivons également sa durée d'une façon intégrale. Sans tenter l'analyse des phénomènes musicaux complexes, nous pouvons dire que les instants de la mélodie n'existent que dans la mesure où ils s'immolent à la durée qui, dans la mélodie est essentiellement continuité. Pour autant que la mélodie est vécue musicalement, qu'elle n'est pas contrôle exercé par le professeur qui écoute son élève, c'est-à-dire travail et effort, il n'y a pas d'instants dans la mélodie. Elle est le modèle parfait sur lequel Bergson a calqué la durée pure. On ne saurait contester qu'on puisse fractionner la durée musicale en éléments et qu'on puisse compter ses éléments. Mais chaque instant ne compte pas. Les instants de la mélodie ne sont là que pour mourir. La fausse note est un son qui se refuse à la mort. Le présent ne | s'y évanouit pas pour la ⁴⁷ réflexion seulement qui le déclare insaisissable, par sa manière même de se produire dans une mélodie, il est évanescence. Il est entaché de nullité. Il n'y a pas de la musique, comme il y a des êtres réels, de reproduction possible qui ne soit pas sa réalité même, avec son rythme et sa durée. La musique est par excellence jouée. Il n'y a pas d'image mentale de la mélodie. La reproduire c'est la rejouer mentalement. Et l'inaptitude pour le jeu pur constitue peut-être la raison principale de l'ennui mortel des adultes endurcis qui fréquentent les concerts par devoir. C'est cette durée où l'instant ne se possède pas, ne s'arrête pas, n'est pas présent, qui rapproche la musique du jeu.

L'effort exclut le jeu. Il peut certes être purement sportif, mais le jeu se joue alors en quelque manière au-dessus de l'effort, là où nous vivons la séparation entre l'effort et son but, là où il est possible de jouir de son caractère désintéressé et gratuit. Il se place dans un système psychologique plus vaste et se réfère à une histoire et à un horizon de temps. Dans son instant l'effort, même l'effort sportif, est trêve de tout jeu, entreprise sérieuse, fatigue. C'est également au-dessus de l'effort proprement dit – dans une attitude de réflexion à son égard – que se situe toute la mystique du travail qui exploite les thèmes de la joie ou de **48** la liberté par le travail, Ce n'est jamais dans le travail | lui-même que réside la joie. Bonheur de la tâche ou du devoir accomplis, héroïsme du sacrifice et de la difficulté, elle se nourrit à d'autres considérations.

La durée de l'effort est tout entière faite d'arrêts. C'est dans ce sens qu'il suit pas à pas l'œuvre qui s'accomplit. Dans la durée il assume l'instant, en déchirant et en renouant le fil du temps. Il est en arrière de l'instant qu'il va assumer, n'est donc pas comme dans la mélodie déjà libéré du présent qu'il vit, emporté et ravi par elle; et à la fois il est déjà engagé dans le présent, et n'est pas comme l'élan penché sur un instant d'avenir. Il est aux prises avec l'instant en tant que présent inévitable où il s'engage sans retour. Au milieu de l'écoulement anonyme de l'existence, il y a arrêt et position. L'effort est l'accomplissement même de l'instant.

Par là nous arrivons à situer l'activité dans l'existence de l'homme. Ce n'est pas en partant du thème classique de l'homme ou de l'esprit en lutte avec la matière ou avec le monde que nous aboutissons à la notion de l'acte et de l'effort que ce thème contient déjà. De l'événement primordial du présent se dégagent les notions de l'acte, de la résistance et même de la matière en tant que moments de l'aventure ontologique. Agir, c'est assumer un présent. Ce qui ne revient pas à répéter que le présent c'est l'actuel, mais que le présent est, dans le bruissement anonyme de l'existence, l'apparition | d'un sujet qui est aux prises avec **49** cette existence, qui est en relation avec elle, qui l'assume. L'acte est cette assomption. Par là l'acte est essentiellement assujettissement et servitude ; mais d'autre part la première manifestation ou la constitution même de l'existant, d'un *quelqu'un* qui est. Car le retard de la fatigue dans le présent fournit une distance où s'articule une relation : le présent est constitué par la prise en charge du présent.

L'effort est donc condamnation précisément parce qu'il assume l'instant comme un présent inévitable. Il est une impossibilité de se dégager de cette éternité sur laquelle il s'ouvre. C'est parce qu'il assume pleinement l'instant et que dans l'instant il se heurte au sérieux de l'éternité qu'il est condamnation. D'où la profonde méditation de Baudelaire sur le squelette laboureur. L'existence lui apparaît à la fois comme irrémédiablement éternelle et comme vouée à la peine : sempiternellement, hélas ! il nous faudra peut-être dans quelque pays inconnu écorcher la terre revêche et pousser une lourde bêche sous notre pied sanglant et nu. L'effort n'est donc pas seulement la forme sous laquelle le maître préfère faire porter à l'esclave la marque de sa servitude. Il y a dans le travail le plus librement consenti, dans l'effort le plus spontané, l'événement d'un engagement irrémissible, sans pouvoir de rachat. Ce n'est pas la peine que l'effort comporte qui en fait 50 l'apanage de | l'esclavage; l'effort comporte une peine parce qu'il est dans son instant un événement d'asservissement. L'antique malédiction du travail ne tient pas seulement à la nécessité de travailler pour se nourrir; elle se retrouve tout entière dans l'instant de l'effort. Ce n'est donc pas dans la relation de l'homme travaillant avec la matière qu'il façonne à son gré, ni avec le maître qui l'oblige à travailler qu'il faut chercher le sens de l'effort et la marque d'une liberté ou d'un asservissement dont il serait la manifestation; il convient avant tout de se pencher sur l'instant même où l'effort est accompli et, pouvons-nous dire maintenant, sur l'instant que l'effort accomplit et où la fatigue pointe déjà. La peine de l'effort où la fatigue est faite tout entière de cette condamnation au présent.

Mais si la fatigue est une condamnation à l'être, elle est aussi un raidissement, un dessèchement, une rupture avec les sources vives. La main ne lâche pas le poids qu'elle soulève, mais elle est comme abandonnée à elle-même, ne compte que sur elle-même. Abandon *sui generis*. Ce n'est pas la solitude d'un être délaissé par le monde dont il ne suit plus la marche, mais, si l'on peut dire, d'un être qui ne se suit plus, qui désarticulé de soi, – dans une luxation du *moi* par rapport à soi, – ne se rejoint pas dans l'instant où il est cependant engagé à jamais.

51   Se fatiguer, c'est se fatiguer d'être. Et cela avant | toute interprétation, par la plénitude concrète de la fatigue. Dans sa simplicité et dans son unité et dans son obscurité de

fatigue, elle est comme un retard apporté par l'existant à exister. Et ce retard constitue le présent. Grâce à cette distance dans l'existence, l'existence est relation entre *un* existant et elle-même. Elle est le surgissement d'un existant dans l'existence. Et inversement, ce moment presque contradictoire en soi du présent en retard sur lui-même, ne saurait être autre chose que la fatigue. La fatigue ne l'accompagne pas, elle l'accomplit. Ce retard c'est elle. Ici l'assomption de l'existence dans l'instant devient directement sensible. Certes, la fatigue n'est pas un désabonnement à l'être. Le retard qu'elle comporte n'en est pas moins une inscription dans l'existence, mais précisément la particularité de cette inscription, son hésitation en quelque sorte, permet de la surprendre, de surprendre l'opération de l'assomption que l'existence assumée enveloppe déjà et toujours.

Si le présent se constitue ainsi par la prise en charge du présent, si le *décalage* de la fatigue crée la distance où va s'insérer l'événement du présent, si, enfin, cet événement équivaut au surgissement d'un *existant* pour qui *être* signifie *assumer l'être*, l'existence de l'existant est essentiellement acte. Il faut que l'existant soit en acte, même quand il est inactivité. Cette activité de l'inactivité n'est pas un paradoxe. C'est l'acte même de se poser sur le sol, | c'est le **52** repos, dans la mesure où le repos n'est pas une pure négation, mais la tension même du maintien, l'accomplissement de l'*ici*. L'activité fondamentale du repos, le fondement, le conditionnement apparaît donc comme la relation même avec l'être, comme le surgissement dans l'existence d'un existant, comme l'hypostase. Tout ce travail ne se propose que d'expliciter les implications de cette situation fondamentale.

Mais si le moment actif de l'acte, ce qui en constitue l'actualité, n'est rien d'autre que l'assomption du présent, le travail dirigé sur les objets du monde semble contenir plus que cette assomption. L'assomption qu'il accomplit connaît dans le monde une destinée nouvelle. Que signifie par rapport à la fonction ontologique de l'acte celle qu'il assume dans le monde ? Qu'est le monde dans l'aventure ontologique où, dans l'existence, s'hypostasie l'existant ?

LE MONDE

Assumer l'instant par l'effort n'équivaut pas à fonder la relation entre le moi et le monde.

La différence la plus frappante tient au fait même que dans le monde nous avons affaire à des objets. Alors qu'en assumant l'instant nous nous engageons dans l'irréparable de l'exister, dans un pur événement qui ne se réfère à aucun substantif, à aucune chose, – dans le monde, aux péripéties de l'action d'être, de l'être *verbe*, se substituent des substantifs porteurs d'adjectifs, des êtres doués de valeurs, offerts à nos intentions. Être dans le monde, c'est être attaché aux choses. «Je suis de ceux pour qui le monde extérieur existe» de Théophile | Gautier, exprime tout 56 l'appétit joyeux pour les choses qui constituent l'être dans le monde.

La notion d'intention traduit de la façon la plus exacte cette relation. Mais il faut la prendre, non point au sens neutralisé et désincarné, dans lequel elle figure dans la philosophie médiévale et chez Husserl, mais dans son sens courant avec l'aiguillon du désir qui l'anime. Désir et non point souci, si ce n'est le souci de l'immédiat.

Le souci d'exister – ce prolongement en ontologie – est absent de l'intention. En désirant je ne me soucie pas d'être, mais suis absorbé par le désirable, par un objet qui amortira totalement mon désir. Je suis terriblement sincère. Aucune référence ultérieure indiquant la relation du désirable avec l'aventure de l'existence, dans sa nudité d'existence, ne se profile derrière le désirable en tant que désirable. Nous ne vivons certes pas pour manger, mais il n'est pas exact de dire que nous mangeons pour vivre. Nous mangeons parce que nous avons faim. Le désir est sans arrière-pensées semblables aux pensées. C'est une bonne volonté. Tout le reste est biologie. Le désirable est terme, le désirable est fin.

Certes, *inconsciemment*, le désir suppose plus que son objet et peut aller au delà du désirable –, certes, *implicitement*, nous avons toujours compris le sens du mot «être» dans sa nudité d'être, puisque nos objets existent. Mais 57 a-t-on apprécié à sa juste | valeur le fait que tout cela est inconscient et implicite? – Depuis la *découverte de l'inconscient* – et cette contradiction dans les termes témoigne d'une secousse intellectuelle considérable – la philosophie pense l'inconscient comme une autre conscience, en méconnaissant la fonction ontologique de l'inconscient et sa relation spécifique avec l'illumination consciente, avec la *sincérité*, qui se détache de l'obscurité, de la profondeur et de l'équivoque de l'inconscient. L'inconscient est interprété en termes de conscience ou inversement. L'Inconscient apparaît comme un possible ou comme un germe ou comme un refoulement. En fait, l'implication que l'on invoque en parlant de «connaissances implicites» ne présente plus la structure de la connaissance; l'événement essentiel du monde qu'est l'intention et la lumière n'y signifient plus rien. La conscience est précisément une sincérité. En posant l'être dans le monde comme intention – on affirme avant tout – et l'histoire de notre civilisation et de notre philosophie le confirme – que le monde est le champ d'une conscience et qu'en tout cas, la structure spéciale qui caractérise la conscience, commande et donne leur sens à toutes les infiltrations de l'inconscient dans le monde. C'est « avant » le monde que l'inconscient joue son rôle propre.

La philosophie et la civilisation occidentales ne sortent jamais « des nombres et des êtres », demeurent | condition- **58** nées par le monde laïc. L'amour, lui-même, se pense comme l'attraction du désirable où le «jeune homme», où la « belle fille » ne sont que prétextes. L'*orekton* du livre X de la *Métaphysique* d'Aristote, c'est l'être suprême, immobile, aimé jamais aimant, terme. Le problème du Bien se pose comme un problème de fin.

Le couple «*être-valeur*» n'est en effet nullement antithétique. La réalité de la chose est précisément faite de sa finalité. La chose en tant que fin de l'intention est le but, la limite, l'ultime. En tant que valeur, en tant que fin du désir, l'objet est *un* être, terme d'un mouvement, début d'une impassibilité, d'un calme repos en soi. Il tient son *en-soi* d'un mouvement dont on lui oppose la notion, mais qui dans sa sincérité univoque la confirme, qui lui prête sa signification. *Exister*, dans tout l'idéalisme occidental se rapporte à ce mouvement intentionnel d'un intérieur vers l'extérieur. L'être c'est ce qui est pensé, vu, agi, voulu, senti, l'objet. Aussi l'existence dans le monde a-t-elle toujours un centre; elle n'est jamais anonyme. La notion de l'âme, d'un intérieur enveloppé est constitutive de l'existence du monde. Le réalisme ne l'évite pas plus que l'idéalisme ne cherche à l'éviter. Le monde c'est ce qui nous est donné. L'expression est admirablement précise :

Le donné, certes, ne vient pas de nous, mais nous le recevons. Il a déjà une face par laquelle il est terme d'une intention.

59 | L'intention n'est pas seulement dirigée sur un objet, cet objet est à notre disposition. Par là, le désir ou l'appétit diffèrent radicalement du besoin toujours inquiet. La théorie platonicienne des plaisirs négatifs, précédés d'un manque, méconnaît la promesse du désirable que le désir lui-même porte en lui comme une joie. Joie qui ne tient pas à la « qualité » ou à la « nature psychologique » de tel ou tel autre désir, ni à son degré d'intensité, ni au charme de l'excitation légère qui l'accompagne, mais au fait que le monde est donné. Le monde offert à nos intentions, la munificence des nourritures terrestres y compris celles de Rabelais, le monde où la jeunesse est heureuse et impatiente de désirer – c'est le monde. Il ne réside pas dans une qualité supplémentaire de l'objet, mais dans une destination inscrite dans sa révélation, dans la révélation même, dans la lumière. L'objet m'est destiné, il est pour moi. Le désir en tant que relation avec le monde comporte à la fois une distance entre moi et le désirable et, par conséquent, du temps devant moi – et une possession du désirable antérieure au désir. Cette position du désirable avant et après le désir, est le fait qu'il est donné. Et le fait d'être donné – c'est le Monde.

Des événements qui tranchent sur le monde, comme la rencontre d'autrui, peuvent y être et y sont englobés par le 60 processus de la civilisation au | moyen de laquelle tout et tous nous sont donnés, rien n'est équivoque.

Dans le monde, autrui n'est certes pas traité comme une chose, mais il n'est jamais séparé des choses. Non seulement il est abordé et donné à travers sa situation sociale, non seulement le respect de la personne se manifeste par un respect de ses droits et de ses prérogatives ; non seulement, à l'exemple des installations qui nous livrent les choses, les institutions nous mettent en rapport avec les personnes, les collectivités, l'histoire et le surnaturel – autrui dans le monde est l'objet de par son vêtement même.

Nous avons affaire à des êtres habillés. L'homme a déjà pris un soin élémentaire de sa toilette. Il s'est regardé dans la glace et s'est vu. Il s'est lavé, a effacé la nuit de ses traits et les traces de sa permanence instinctive – il est propre et abstrait. La socialité est décente. Les relations sociales les plus délicates s'accomplissent dans les formes ; elles sauvegardent les apparences qui prêtent un vêtement de sincérité à toutes les équivoques et les rendent mondaines. Ce qui est réfractaire aux formes est retranché du monde. Le scandale s'abrite dans la nuit, dans les maisons, chez soi – qui dans le monde jouissent comme d'une extra-territorialité.

La simple nudité du corps que nous pouvons rencontrer ne change rien à l'universalité du vêtement. | La nudité y 61 perd sa signification. Les êtres humains au Conseil de révision sont traités comme du matériel humain. Ils sont revêtus d'une *forme*. La beauté – la forme parfaite – est la forme par excellence – et les statues de l'antiquité ne sont jamais véritablement nues.

La forme est ce par quoi un être est tourné vers le soleil – ce par quoi il a une face, par laquelle il se donne, par laquelle il s'apporte. Elle cache la nudité dans laquelle l'être déshabillé se retire du monde, *est* précisément comme si son existence était ailleurs, avait un « envers » et comme si « le temps d'un sein nu entre deux chemises » il était surpris. C'est pourquoi la relation avec la nudité est la véritable expérience – si ce terme n'était pas impossible dans une relation qui va au delà du monde – de l'altérité d'autrui. La socialité dans le monde, n'a pas ce caractère inquiétant d'un être devant un autre être, devant l'altérité. Elle comporte certes des colères, des indignations, des haines et des attachements et des amours portés aux qualités et à la substance d'autrui ; mais la timidité foncière devant l'altérité même d'autrui, traitée de maladive, est chassée du monde. Il faut trouver quelque chose à dire à son compagnon – échanger une idée, autour de laquelle comme autour d'un troisième terme – nécessairement – la socialité s'établit.

La socialité dans le monde est communication ou
62 | communion. Se brouiller, c'est constater qu'on n'a rien de commun. C'est par une participation à quelque chose de commun, à une idée, à un intérêt, à une œuvre, à un repas, au « troisième homme » que s'établit le contact. Les personnes ne sont pas l'une devant l'autre, simplement, elles sont les unes avec les autres autour de quelque chose. Le prochain, c'est le complice. Terme d'une relation le moi ne perd dans ce rapport rien de son *ipséité*. C'est pourquoi la civilisation en tant que relation avec les humains est à la fois restée dans les formes décentes et n'a jamais pu surmonter l'individualisme : l'individu reste pleinement *moi*.

Toutes les relations concrètes entre humains, dans le monde, empruntent leur caractère *réel* à un troisième terme. Elles sont communion. Quand ces relations commencent à

circuler directement de personne à personne nous pres-
sentons l'inconsistance même de ces personnes devenues
fantasmagoriques. Quand on dit de quelqu'un qu'il est un
caractère ou une nature, qu'il est un « homme », un être de
chair et de sang, c'est à cette relation avec quelque chose de
consistant que l'on fait allusion. La santé, ce mouvement
sincère du désirant vers le désirable, cette bonne volonté,
sachant exactement ce qu'elle veut, mesure le réel et le
concret de l'être humain. Quand le moi est le siège de cette
bonne volonté, quand les pensées et les actes ne sont pas les
masques d'un moi incapable de se | dépouiller – le critique 63
qui ferme un roman déclare : il y a là des personnages réels.
Sinon, il est autorisé à reprocher au romancier de demeurer
dans l'idéologie ; et le médecin dont on imite volontiers le
langage – car santé et maladie décrivent le rapport même de
l'intention avec son terme – a le dernier mot. Il déclare que
le prince Hamlet est dément, se refuse à toute analyse
ultérieure, car on n'est pas obligé de délirer avec les fous.

Ce qui caractérise donc l'être dans le monde, c'est la
sincérité de l'intention ; la suffisance du monde et le
contentement. Le monde est profane et laïc. Dans le phénomène de la forme, habillant parfaitement le contenu, nous
pensons depuis Aristote le monde. Les points de l'objet,
constituant la surface illuminée, se disposent en perspec-
tives et nous ouvrent l'objet dont ils limitent les hasards et
les caprices. Le mystère insondable de la chose se montre et
nous donne prise. Le monde, par les formes, est stable et fait
de solides. Les objets se définissent par leur finitude : la
forme est précisément cette façon de finir où le fini est à la
fois le défini et s'offre déjà à l'appréhension.

C'est donc dans la philosophie contemporaine une confusion regrettable que d'avoir placé les événements – qu'elle a eu l'incontestable mérite de découvrir sous le terme purement négatif d'inconscient – à l'intérieur du monde et que d'avoir dénoncé comme hypocrisie, 64 déchéance, | « bourgeoisie » ou fuite devant l'essentiel, un comportement dans le monde dont la laïcité et le contentement traduisent simplement la destinée même du monde. Autre chose est de se demander quelle est la place du monde dans l'aventure ontologique, autre chose de chercher cette aventure à l'intérieur du monde lui-même.

La réduction phénoménologique de Husserl, la fameuse *époché*, retrouve ainsi pour nous sa signification. Elle réside dans la séparation qu'elle marque entre la destinée de l'homme dans le monde où il y a toujours des objets donnés comme des êtres et des œuvres à accomplir – et la possibilité de suspendre cette « thèse de l'attitude naturelle », de commencer une réflexion philosophique proprement dite et où le sens de l'« attitude naturelle » elle-même – c'est-à-dire du monde – peut être retrouvé. Ce n'est pas dans le monde que nous pouvons dire le monde.

Dans la tentative de séparer la notion du monde de la notion d'une somme d'objets, nous voyons volontiers l'une des plus profondes découvertes de la philosophie heideggerienne. Mais pour décrire l'être-dans-le-monde, le philosophe allemand a précisément fait appel à une finalité ontologique à laquelle il subordonne les objets dans le monde. En apercevant dans les objets le « matériel » – dans le sens où l'on parle de « matériel de guerre » – il les a englobés 65 dans le souci d'exister qui, | pour lui, équivaut à la position même du problème ontologique. Il a méconnu par là le caractère essentiellement laïc de l'être dans le monde et la sincérité de l'intention.

Tout ce qui est donné dans le monde n'est pas outil. La nourriture est pour l'Intendance du ravitaillement, les maisons et les abris du « casernement ». Pour le soldat, le pain, la veste, le lit ne sont pas du matériel. Ils ne sont pas « en vue de », mais fins. La formule « la maison est un outil d'habitation » est manifestement fausse, n'a pas, en tout cas, raison de la place exceptionnelle que le « chez soi » joue dans la vie de l'homme appartenant à la civilisation sédentaire, à la maîtrise qu'il confère au fameux charbonnier ; dire que le vêtement est pour se couvrir ce n'est pas saisir ce par quoi le vêtement arrache l'homme à son humilité d'être nu ; encore moins l'aliment rentre-t-il dans la catégorie de « matériel ».

Insistons plus longuement sur cet exemple de nourriture. Il est privilégié par la place qu'il occupe dans la vie quotidienne, mais surtout par la relation entre le désir et sa satisfaction qu'il représente et qui constitue le type même de la vie dans le monde. Cette relation se caractérise par la correspondance complète entre le désir et sa satisfaction. Le désir sait parfaitement ce qu'il désire. Et l'aliment permet la réalisation totale de son intention. A un certain moment tout est consommé. | Comparons le manger à l'aimer qui est **66** au delà de l'activité économique et du monde. L'amour est caractérisé par une faim essentielle et inextinguible. Serrer la main à un ami, c'est lui dire son amitié, mais la lui dire comme quelque chose d'inexprimable, plus encore, comme quelque chose d'inaccompli, comme un désir permanent.

La positivité même de l'amour est dans sa négativité. Le buisson qui alimente la flamme ne se consume pas. Le trouble qu'on éprouve devant l'être aimé ne précède pas seulement ce qu'on appelle en termes économiques la possession, mais se retrouve dans la possession elle-même. Dans le désordonné des caresses, il y a l'aveu d'un accès impossible, d'une violence en échec, d'une possession refusée. Il y a aussi le ridicule tragique du simulacre du « manger » dans le baiser et la morsure. Comme si on se trompait sur la nature du désir confondu d'abord avec la faim qui recherche quelque chose et que l'on découvrait alors comme une faim de rien. *Autrui* est précisément cette dimension sans objet. La volupté est la poursuite d'une promesse toujours plus riche ; elle est faite d'un accroissement de faim et qui se dégage de tout être. Il n'y a pas de but, pas de terme entrevu. La volupté se jette dans un avenir illimité, vide, vertigineux. Elle consomme du temps pur qu'aucun *objet* ne remplit, ni ne jalonne. La « satisfaction » n'est pas un séjour dans l'au-delà, mais retour à soi, dans 67 un monde | univoque et présent. Rien de comparable dans cette chute à la satiété, quoi que l'on en dise quand on range les choses de l'amour dans les catégories économiques parmi les appétits et les besoins. Le manger, par contre, est paisible et simple ; il réalise pleinement la sincérité de son intention : « l'homme qui mange est le plus juste des hommes ».

Cette structure où l'objet concorde exactement avec le désir, caractérise l'ensemble de notre être-dans-le-monde. Partout, l'objet de l'acte ne renvoie pas, du moins dans le phénomène, au souci d'exister. C'est lui-même qui fait notre existence. Nous respirons pour respirer, mangeons et buvons pour manger et pour boire, nous nous abritons pour nous abriter, nous étudions pour satisfaire à notre curiosité, nous nous promenons pour nous promener. Tout cela n'est pas *pour* vivre. Tout cela est vivre. Vivre est une sincérité. Le monde tel qu'il s'oppose à ce qui n'est pas du monde, c'est le monde où nous habitons. où nous nous promenons, où nous déjeunons et dînons, où nous rendons visite, où nous allons à l'école, discutons, faisons des expériences et des recherches, écrivons et lisons des livres ; c'est le monde de Gargantua et de Pantagruel et de Messire Gaster, premier Maître ès Arts du monde, mais c'est aussi le monde où Abraham faisait paître ses troupeaux, Isaac creusait des puits, Jacob constituait sa maison, où Epicure cultivait son jardin et où « chacun | est à l'ombre de son figuier et de sa **68** vigne ».

Etre dans le monde, c'est précisément s'arracher aux dernières implications de l'instinct d'exister, à tous les abîmes du moi qui jamais ne se dépouillera de ses masques et dont toutes les positions seront des poses, à qui la confession est impossible, pour aller sincèrement au désirable et pour le prendre pour lui-même. C'est la possibilité même du désir et de la sincérité. Dans le circuit qui, d'après Heidegger, amène à la tâche d'exister chaque moment de notre existence et où, en appuyant sur le bouton de notre porte, nous ouvrons la totalité de l'existence, car nous avons déjà parcouru au delà de l'acte les intermédiaires qui séparent cet acte de notre souci même d'être – la conscience décrit un cercle fermé où elle demeure en effaçant toute finalité ultérieure, un cercle où il peut y avoir *satisfaction* et *confession.* Ce cercle est le monde. Le lien avec le souci, est en lui du moins relâché. C'est aux époques de misère et de privations que derrière les objets du désir se profile l'ombre d'une finalité ultérieure qui obscurcit le monde. Quand il faut manger, boire et se chauffer pour ne pas mourir, quand la nourriture devient du carburant, comme dans certains travaux durs – le monde aussi semble à sa fin, renversé, absurde, devant être rénové. Le temps sort de ses gonds.

Nul doute que le désir ne se suffit pas à lui-même, qu'il côtoie le besoin et le dégoût de la | satiété, mais dans l'aventure ontologique le monde est un épisode qui, loin de mériter le nom de chute, a son équilibre, son harmonie et sa fonction ontologique positive : la possibilité de s'arracher à l'être anonyme. Nous le prenons au sérieux au moment même où le monde semble éclater et que nous faisons encore des actes et des gestes raisonnables et où le condamné boit son verre de rhum. L'appeler quotidien et le condamner comme non-authentique, c'est méconnaître la sincérité de la faim et de la soif ; c'est, sous le prétexte de sauver la dignité de l'homme compromise par les choses, fermer les yeux sur les mensonges d'un idéalisme capitaliste et les évasions dans l'éloquence et l'opium qu'il propose. La grande force de la philosophie marxiste qui part de l'homme économique réside dans son pouvoir d'éviter radicalement l'hypocrisie du sermon. Se plaçant dans la sincérité de l'intention, dans la bonne volonté de la faim et de la soif, l'idéal de lutte et de sacrifice qu'elle propose, la culture à laquelle elle invite, n'est que le prolongement de ces intentions. Ce n'est pas par son prétendu matérialisme, mais par la sincérité essentielle que cette proposition et cette invite conservent, que le marxisme peut fasciner. Il est à l'abri du soupçon, toujours possible, qui projette son ombre sur tout idéalisme dont les racines ne plongent pas dans la simplicité et l'univoque, de l'intention. On ne lui prête pas les | arrière-pensées du menteur, du dupe ou **70** du repu.

Comme nous allons le montrer tout de suite, la vie dans le monde est conscience dans la mesure où elle fournit la possibilité d'exister en retrait de l'existence. La sincérité à l'égard des objets est une hésitation à l'égard de l'existence, qui apparaît comme une tâche à assumer, et d'où ressort un sujet, un existant qui l'assumera.

Le monde, c'est le donné. La forme épousant l'objet
nous livre l'objet. Mais n'avons-nous pas confondu la
structure pratique de l'activité et du désir avec la structure théorique de la forme ? N'avons-nous pas imaginé
– victimes d'un intellectualisme impénitent – comme
condition de l'activité pratique et du désir la contemplation
théorique des formes ? Nous n'avons pas tenu compte de
cette distinction ; c'est que dans le donné dont nous sommes
partis, le pratique et le théorique se rejoignent. La contemplation se dirige sur l'objet comme sur du donné. Par là, elle
est plus que « contemplation pure », elle est déjà élément
d'une | action. Non pas, par métaphore, action, mais parce **72**
qu'intention, c'est-à-dire désir, mouvement de prendre, de
s'approprier ; mais de prendre ce qui d'avance est donné.
À la notion d'une contemplation qui reste absolument
étrangère aux formes contemplées, nous substituons une
intention qui se dirige sur ce qui est donné.

L'intention que Husserl analyse soit dans ses
spécifications, soit dans ses combinaisons avec d'autres
intentions, doit être décrite dans son mouvement propre. Le
donné n'est pas nous. Le moi le possède, mais n'est pas
accablé par cette possession, conserve à l'égard de l'objet
une distance et une réserve qui distinguent précisément
l'intention de la jouissance. Cette possession à distance,

cette possession les mains libres, – fait l'intentionalité de l'intention. La découverte de cette notion a certes été accueillie, surtout à une époque où le moi se pensait en dehors du monde – comme la découverte de notre présence dans le monde, d'un engagement dans le monde contenu dans l'être même du moi; mais l'autre face du phénomène est tout aussi importante. Il importe de souligner que par l'intention notre présence dans le monde est à travers une distance, que nous sommes séparés de l'objet de l'intention par une distance, franchissable certes, mais par une distance. Situation dont la banalité prend quelque relief quand nous la comparons à la relation de l'existant avec 73 | l'existence dont nous étions partis. Cette dernière relation est certes événement et relation, mais la dualité des termes de cette relation emprunte son caractère propre au fait que l'existence n'est pas *terme* à proprement parler, n'est pas un substantif et qu'au lieu d'être à distance, elle colle au moi. Le moi ne se dirige pas sur son existence, il en est envoûté. Possédée, l'existence possède. Le monde donné à l'intention – laisse au moi une liberté à l'égard du monde. Ce qui est donné ne pèse pas sur nos épaules, est là-bas, déposé, comme mis en consigne. L'extériorité des choses tient au fait que nous accédons à elles, que nous devons venir à elles – que l'objet se donne, mais, nous attend. C'est là la notion complète de la *forme*. Elle est ce par quoi la chose se montre et donne prise; ce qui est illuminé en elle et susceptible d'appréhension et ce qui la soutient. La chose est toujours un volume dont les surfaces extérieures maintiennent le fond tout en le faisant apparaître. La réalité est faite d'éléments, en quelque manière solides. On peut bien pénétrer en eux. Mais cette pénétration ne permet pas de briser la forme et glisse sur elle.

Aussi le moi dans le monde en même temps qu'il tend vers les choses se retire-t-il d'elles. Il est intériorité. Le moi dans le monde a un dedans et un dehors.

C'est une autre façon d'exprimer l'intentionalité | que 74 de dire qu'elle est l'origine même du «sens». Le sens, c'est ce par quoi un extérieur est déjà ajusté et se réfère à l'intérieur. Le sens n'est pas initialement la réductibilité d'une notion ou d'une perception à un principe ou à un concept. Car en quoi consisterait alors le sens du principe irréductible? Le sens, c'est la perméabilité même à l'esprit, perméabilité qui caractérise déjà ce qu'on appelle la sensation, ou si l'on préfère, c'est la luminosité.

Nous pouvons en effet parler de vision et de lumière à propos de toute appréhension sensible ou intelligible : nous voyons la dureté d'un objet, le goût d'un mets, l'odeur d'un parfum, le son d'un instrument, la vérité d'un théorème. Qu'elle émane du soleil sensible ou du soleil intelligible, la lumière, depuis Platon, conditionne tout être. Quelle que puisse être la distance qui les sépare de l'intellect, la pensée, la volition, le sentiment sont avant tout expérience, intuition, vision claire ou clarté qui cherche à se faire. Le *souci* de Heidegger auquel la perception ne sert plus de fondement, contient cependant une illumination qui fait de lui une compréhension et une pensée. Et par là, la dualité de l'extérieur et de l'intérieur se retrouve au sein même du *Dasein*, solidaire, ainsi de toute l'ontologie traditionnelle qui aborde l'existence à travers le monde.

75   La lumière qui remplit notre univers – quelle | qu'en soit
l'explication physico-mathématique – est phénoménologi-
quement la condition du phénomène, c'est-à-dire du sens :
l'objet, tout en existant, existe pour quelqu'un, lui est
destiné, se penche déjà sur un intérieur et, sans s'absorber
en lui, se donne. Ce qui vient du dehors – illuminé – est
compris, c'est-à-dire vient de nous. C'est par la lumière que
les objets sont un monde, c'est-à-dire sont à nous. La
propriété est constitutive du monde : par la lumière, il est
donné et appréhendé. L'appréhension qui est au fond de
toutes nos sensations est l'origine de la propriété dans le
monde ; d'une propriété qui n'est pas une charge, n'ayant
rien de commun avec le possessif des expressions comme
« ma croix ».

L'espace éclairé est tout entier ramassé autour d'un
esprit qui le possède. Dans ce sens, il est déjà comme
le produit d'une synthèse. L'espace de Kant est essentiellement éclairé. Dans toutes ses dimensions, il est accessible,
explorable. Il se prête déjà au mouvement qui l'absorbe,
au mouvement que la vision accomplit instantanément,
modèle de la vitesse qu'elle laisse pressentir. C'est en cela
que la vision est le sens par excellence. Elle appréhende et
situe. La relation de l'objet au sujet est donnée en même
temps que l'objet lui-même. Déjà un horizon est ouvert.
L'obscurité des autres sensations tient à leur absence
76 d'horizon à la surprise | qu'elles sont pour nous quand on les
prend pour elles-mêmes.

La lumière rend donc possible cet enveloppement de
l'extérieur par l'intérieur, qui est la structure même du
cogito et du sens. La pensée est toujours clarté ou l'aube
d'une clarté. Le miracle de la lumière en est l'essence : par

la lumière, l'objet, tout en venant du dehors, est déjà à nous dans l'horizon qui le précède ; vient d'un dehors déjà appréhendé et devient comme venu de nous, comme commandé par notre liberté. L'antithèse de l'*a priori* et de l'*a posteriori*, comme de la contemplation et du désir, se trouve dépassée dans l'instant de clarté.

Le monde, dont l'existence est caractérisée par la lumière, n'est donc pas la somme des objets existants. L'idée même de totalité ou d'ensemble n'est compréhensible que dans un être qui peut l'embrasser. Il y a totalité, parce qu'elle se réfère à une intériorité dans la lumière. Nous reconnaissons là la profondeur des vues kantiennes sur le rôle de la synthèse de l'aperception et de son unité dans la constitution du monde ; à condition de comprendre par là, la synthèse de l'intuition, de la vision, de la lumière.

A travers les notions du donné, de l'intention et de la lumière, nous rejoignons celle du savoir | par laquelle **77** la pensée occidentale interprète en fin de compte la conscience.

Il s'agit du savoir pris dans un sens très large. La philosophie occidentale connaît certes d'autres formes de conscience que l'intellect, mais au milieu de ses péripéties les moins intellectuelles, l'esprit, c'est ce *qui sait*. Les actes de sentir, de souffrir, de désirer ou de vouloir, appartiennent à la vie de l'esprit par le fait d'être conscient, d'être des expériences, des pensées au sens cartésien. L'empirisme en plaçant l'origine de la connaissance dans la sensation demeure fidèle à cette identification de la spiritualité et du savoir. Car il envisage la sensation en tant que *renseignement élémentaire*, en négligeant sa saveur spéciale et en quelque manière son épaisseur de sensation, tout ce par quoi elle pouvait sembler obscure et confuse à Descartes et à Malebranche, qui ne voyaient dans le sentiment qu'un avertissement. Aucune démarche plus intime ne précède dans la sensation – selon l'interprétation traditionnelle, – l'appréhension qu'elle accomplit. L'objet sensible se constituera, mais l'esprit est d'ores et déjà constitué dans la sensation, il est d'ores et déjà savoir et appréhension.

Mais, tendant sans équivoque à l'objet, le savoir est essentiellement une manière d'être en deçà de l'être. Il est une façon de se rapporter aux événements tout en conservant le pouvoir de ne pas être impliqué en eux. Le 78 sujet est | le pouvoir du recul infini, le pouvoir de se trouver toujours derrière ce qui nous arrive. L'affirmation de Kant que le sens interne ne nous fournit qu'un sujet transformé par les conditions de toute objectivité, permet précisément de saisir l'essentiel du sujet, qui ne se confond jamais avec l'idée qu'il peut avoir de lui-même, mais qui est déjà liberté à l'égard de tout objet, un recul, un *quant à soi*. Dans ce sens et contre une opinion philosophique moderne qui proclame l'autonomie de la pratique par rapport à la connaissance, le savoir est la condition de toute action libre. On présente, en effet, la relation de sujet à objet, à laquelle on prétend réduire la connaissance, comme le fait d'un agent qui s'abstient d'agir. L'essentiel de la contemplation consisterait à n'être que contemplation. L'objet apparaîtra devant l'œil impassible de la connaissance au moment précis où cet œil deviendrait impassible, au moment précis où l'action, condition naturelle de l'être vivant, se paralyse, où l'outil qui s'offre à la main apparaît à une distance que la main ne franchit plus. La contemplation ainsi définie par rapport à l'action ne se définit que négativement; mais, surtout, la définition suppose ici la notion qu'elle cherche à circonscrire. Le pouvoir d'abstention ne saurait se tirer de l'action si l'action ne le contenait pas. Ce pouvoir de l'agent de rester dégagé de tout lien avec ce qui lui reste présent, de ne pas se commettre avec ce qui lui | arrive ses objets ou même **79** son histoire – c'est précisément le savoir en tant que lumière et intention.

La lumière est ainsi l'événement d'une suspension, d'une *épochè*, suspension qui consiste à ne pas se commettre avec les objets ou l'histoire avec lesquels on est en relation ou qu'on accomplit, de rester toujours extérieur à ces objets et à cette histoire, même quand il s'agit de l'histoire de l'être même qui suspend l'histoire. Elle définit le moi, son pouvoir du recul infini et du « quant à soi ». Être qui est toujours en dehors de l'être et même en dehors de soi et que la perception interne, comme l'avait voulu Kant, ne saurait saisir.

L'existence dans le monde en tant que lumière – qui rend possible le désir – est donc, au sein de l'être, la possibilité de se détacher de l'être. Entrer dans l'être en se liant aux objets, c'est accomplir une liaison qui est déjà entachée de nullité. C'est déjà s'évader de l'anonymat. Dans ce monde où tout semble affirmer notre solidarité avec la totalité de l'existence, où nous sommes pris dans l'engrenage du mécanisme universel, notre sentiment premier, notre illusion indéracinable, est un sentiment ou une illusion de liberté. Être dans le monde, c'est cette hésitation, cet intervalle dans l'exister, qui nous est apparu dans l'analyse de la fatigue et du présent. Ce que nous dirons plus loin de la

80 conscience, de son pouvoir de se suspendre, | de s'abîmer
dans l'inconscient et de s'y accorder un sursis, précisera le
rôle du monde dans l'aventure ontologique où un existant
surgit dans l'existence et, désormais, entretient une relation
avec elle. Notre existence dans le monde avec ses désirs et
son agitation quotidienne, n'est donc pas une immense
supercherie, une chute dans l'inauthentique, une évasion de
notre destinée profonde. Elle n'est que l'amplification de
cette résistance à l'être anonyme et fatal par laquelle l'existence devient conscience, c'est-à-dire relation d'un existant
avec l'existence à travers la lumière qui, à la fois, comble et
maintient l'intervalle.

En distinguant dans l'effort l'hésitation première à
exister, en présentant le monde comme un attachement
toujours révocable aux objets où le non-engagement dans
l'être demeure, nous avons décrit les premières manifesta-
tions de l'existant surgissant dans l'anonymat de l'existence. La lumière, le savoir, la conscience, semblaient
constituer l'événement même de l'hypostase. Mais, pour
donner un sentiment plus vif de la signification même de cet
événement, il nous faut enfin aborder de face la notion
centrale de ce travail, celle de l'existence anonyme. Pour
cela, il faut nous approcher d'une situation où, la liberté
à l'égard de l'être que malgré leur sincérité l'intention et
le savoir maintiennent, se heurte à l'absence du monde, à
l'élémentaire.

| **EXISTENCE SANS MONDE** 81

Nous pouvons dans notre relation avec le monde nous arracher au monde.

Les choses se réfèrent à un intérieur en tant que parties du monde donné, objets de connaissance ou objets usuels, pris dans l'engrenage de la pratique où leur altérité ressort à peine. L'art les fait sortir du monde, les arrache, par là, à cette appartenance à un sujet. La fonction élémentaire de l'art qu'on retrouve dans ses manifestations primitives consiste à fournir une image de l'objet à la place de l'objet lui-même – ce que Bergson appelle une vue prise sur l'objet, une abstraction, et qu'il estime être moins que l'objet au lieu de voir en | lui le plus de l'esthétique. La **84** photographie elle-même accomplit cette fonction. Cette manière d'interposer entre nous et la chose une image de la chose a pour effet d'arracher la chose à la perspective du monde. Une situation peinte, un événement raconté doit d'abord reproduire la situation et le fait réel ; mais le fait que nous nous rapportons indirectement à eux, par l'entremise du tableau et du récit, leur apporte une modification essentielle. Elle ne tient pas à l'éclairage et à la composition du tableau, à la tendance et à l'arrangement du narrateur, mais déjà à la relation indirecte que nous entretenons avec eux – à leur exotisme au sens étymologique du terme. Ce qu'on appelle le « désintéressement » de l'art ne se rapporte pas seulement à la neutralisation des possibilités d'agir. L'exotisme apporte une modification à la contemplation même. Les « objets » sont dehors, sans que ce dehors se réfère à un « intérieur », sans qu'ils soient déjà naturellement « possédés ». Le tableau, la statue, le livre sont les objets de *notre* monde, mais à travers eux, les choses représentées s'arrachent à notre monde.

L'art, même le plus réaliste, communique ce caractère d'*altérité* aux objets représentés qui font cependant partie de notre monde. Il nous les offre dans leur nudité, dans cette nudité véritable qui n'est pas l'absence de vêtements, mais, si on peut dire, l'absence même de formes, c'est-à-dire la 85 non-| transmutation de l'extériorité en intériorité que les formes accomplissent. Les formes et les couleurs du tableau ne recouvrent pas, mais découvrent les choses en soi ; précisément parce qu'elles leur conservent leur extériorité. La réalité reste étrangère au monde en tant que donné. Dans ce sens, l'œuvre d'art, à la fois, imite la nature et s'en écarte aussi loin que possible. C'est pourquoi aussi tout ce qui appartient à des mondes passés, l'archaïque, l'antique produit une impression esthétique.

Dans la perception, un monde nous est donné. Les sons, les couleurs, les mots se réfèrent aux objets qu'ils recouvrent en quelque manière. Le son est le bruit d'un objet, la couleur colle à la surface des solides, le mot recèle un sens, nomme un objet. Et, par sa signification objective, la perception a aussi une signification subjective : l'extériorité se réfère à l'intériorité, n'est pas celle d'une chose en soi. Le mouvement de l'art consiste à quitter la perception pour réhabiliter la sensation, à détacher la qualité de ce renvoi à l'objet. Au lieu de parvenir jusqu'à l'objet, l'intention s'égare dans la sensation elle-même, et c'est cet égarement dans la sensation, dans l'*aisthesis*, qui produit l'effet esthétique. Elle n'est pas la voie qui conduit à l'objet, mais l'obstacle qui en éloigne; elle n'est pas non plus de l'ordre subjectif. La sensation n'est pas le matériel de la perception. Dans l'art elle | ressort en tant qu'élément nouveau. Mieux **86** encore, elle retourne à l'impersonnalité d'*élément*.

La sensation n'est pas la qualité encore non-organisée comme l'enseigne la psychologie kantienne. L'organisation ou l'anarchie de la sensation ne concerne pas son objectivité ou sa subjectivité. Réduite à la qualité pure, la sensation serait déjà un objet dans la mesure où elle est lumineuse. La manière dont, dans l'art, les qualités sensibles qui constituent l'objet, à la fois ne conduisent à aucun objet et sont en soi, est l'événement de la sensation en tant que sensation, c'est-à-dire l'événement esthétique. On peut aussi l'appeler la musicalité de la sensation. En musique, en effet, cette façon pour une qualité de se dépouiller de toute objectivité – et par là de toute subjectivité – apparaît comme absolument naturelle. Le son musical n'est plus un bruit. Et il est susceptible de liaisons et de synthèses qui n'ont plus rien de commun avec l'ordre des objets. Les couleurs, dont le lien avec les choses est plus intime, s'en détachent surtout dans une peinture qui se sent révolutionnaire. Elles entrent dès lors, à leur tour, dans des ensembles indifférents à l'égard des synthèses des objets dans le monde. Le mot n'est pas séparable du sens. Mais il y a d'abord la matérialité du son qu'il remplit et qui permet de le ramener à la sensation et à la musicalité telle que nous venons de la définir: il est susceptible de rythme, de rimes, de mètres, | d'allitérations, etc. Mais le mot se détache de son sens **87** objectif et retourne à l'élément du sensible encore d'une autre manière : en tant qu'il s'attache à une multiplicité de sens, en tant qu'ambiguïté qu'il peut tenir de son voisinage avec d'autres mots. Il fonctionne alors comme le fait même de *signifier*. Derrière la signification du poème que la pensée pénètre, à la fois elle se perd dans sa musicalité, qui n'a plus rien à faire avec l'objet, qui varie peut-être uniquement en fonction de ce qu'elle écarte, de ce dont elle se libère. La poésie moderne, en rompant avec la prosodie classique, n'a donc nullement renoncé à la musicalité du vers, mais l'a cherchée plus profondément.

La sensation et l'esthétique produisent donc les choses en soi, non pas comme des objets de degré supérieur, mais en écartant tout objet, elles débouchent dans un élément nouveau – étranger à toute distinction entre un « dehors » et un « dedans », se refusant même à la catégorie du substantif.

Les excellentes analyses de la perception du tableau de M. Fink (dans le *Jahrbuch für Philosophie und phaenomenologische Forschung IX*) ne tiennent pas suffisamment compte de cet exotisme. C'est, certes, sur l'arbre lui-même que se dirige l'intention à travers la perception de l'arbre peint et il est vrai que nous pénétrons ainsi dans le monde du tableau différent du monde réel. Mais, pour Fink, ce monde **88** est irréel, neutralisé, suspendu | et non point profondément marqué d'exotisme et, par conséquent, arraché à sa référence à un « dedans », c'est-à-dire ayant perdu sa qualité même de monde.

Déjà, d'ailleurs, le fait même du tableau qui arrache et met à part un morceau de l'univers et qui, dans un intérieur, réalise la coexistence de mondes impénétrables et étrangers les uns aux autres – a une fonction esthétique positive. La limitation du tableau qui tient à la nécessité matérielle de faire du limité, fournit grâce aux lignes abstraites et brutales de cette limite une condition positive à l'esthétique. Tels aussi les blocs indifférenciés que prolongent les statues de Rodin. La réalité s'y pose dans sa nudité exotique de réalité sans monde, surgissant d'un monde cassé.

Des effets du même ordre s'obtiennent au cinéma par les gros plans. Ils n'empruntent pas leur intérêt uniquement à leur pouvoir de rendre visibles les détails. Ils arrêtent l'action où le particulier est enchaîné à un ensemble pour lui permettre d'exister à part ; ils lui permettent de manifester sa nature particulière et absurde que l'objectif découvre dans une perspective souvent inattendue, la courbure d'é-paule à laquelle la projection donne des dimensions hallu-cinantes en mettant à nu ce que l'univers visible et le jeu de ses proportions normales estompent et dissimulent.

Mais la réalité exotique de l'art qui, n'étant plus | objec- **89** tive, ne se réfère pas à notre intériorité, apparaît à son tour comme l'enveloppe d'une intériorité. C'est d'abord l'inté-riorité même des choses qui, dans l'œuvre d'art, prennent une personnalité. Une nature morte, un paysage, à plus forte raison un portrait, ont une vie intérieure propre que leur enveloppe matérielle exprime. Un paysage, a-t-on dit, est un état d'âme. Indépendamment de cette âme des objets, l'œuvre d'art, dans son ensemble, exprime ce qu'on ap-pelle le monde de l'artiste. Il existe un monde de Delacroix comme il existe un monde de Victor Hugo. La réalité artis-tique est le moyen d'expression d'une âme, Par la sym-pathie avec cette âme des choses ou de l'artiste, l'exotisme de l'œuvre est intégré dans notre monde. Et il en est ainsi

tant que l'altérité d'autrui demeure un *alter ego*, accessible
à la sympathie.

Nous comprenons ainsi la recherche de la peinture et de
la poésie moderne, qui essaient de conserver à la réalité
artistique son exotisme, d'en bannir cette âme, à laquelle les
formes visibles s'assujettissent, d'enlever aux objets repré-
sentés leur servile destinée d'expression. D'où la guerre au
sujet qui est la littérature de la peinture ; la préoccupation
du jeu pur et simple de couleurs et de lignes, destiné à la
sensation pour laquelle la réalité représentée vaut par elle-
même et non pas par l'âme qu'elle enveloppe ; la corres-
pondance entre objets, entre leurs faces et surfaces étran-
90 gère | à la cohérence du monde; le souci de confondre les
divers plans de la réalité en introduisant un objet réel au
milieu d'objets ou de débris d'objets peints. L'intention
est commune de présenter la réalité dans une fin du monde
et en soi.

Les recherches de la peinture moderne dans leur
protestation contre le réalisme procèdent de ce sentiment
de la fin du monde, de la destruction de la représentation
qu'il rend possible. La liberté que le peintre prend avec la
nature n'est pas mesurée à sa juste signification quand elle
est présentée comme procédant de l'imagination créatrice
ou du subjectivisme de l'artiste. Ce subjectivisme ne saurait
être sincère que s'il cesse précisément de se prétendre
vision. Si paradoxal que cela puisse paraître, la peinture
est une lutte avec la vision. Elle cherche à arracher à la
lumière les êtres intégrés dans un ensemble. Regarder est
un pouvoir de décrire des courbes, de dessiner des ensembles où les éléments viennent s'intégrer, des horizons où
le particulier apparaît en abdiquant. Dans la peinture

contemporaine, les choses n'importent plus en tant qu'éléments d'un ordre universel que le regard se donne comme une perspective. Des fissures lézardent de tous côtés la continuité de l'univers. Le particulier ressort dans sa nudité d'être.

Dans la représentation de la matière par cette peinture, se réalise d'une manière singulièrement saisissante cette déformation – c'est-à-dire cette | mise à nu – du monde. La 91 rupture de continuité sur la surface même des choses, ses préférences pour la ligne brisée, le mépris de la perspective et des proportions «réelles» des choses, annoncent une révolte contre la continuité de la courbe. A un espace sans horizon, s'arrachent et se jettent sur nous des choses comme des morceaux qui s'imposent par eux-mêmes, des blocs, des cubes, des plans, des triangles, sans qu'il y ait transition des uns aux autres. Eléments nus, simples et absolus, boursouflures ou abcès de l'être. Dans cette chute des choses sur nous, les objets affirment leur puissance d'objets matériels et atteignent comme au paroxysme même de leur matérialité. Malgré la rationalité et la luminosité de ces formes prises en elles-mêmes, le tableau accomplit l'en-soi même de leur existence, l'absolu du fait même qu'il y a quelque chose qui n'est pas, à son tour, un objet, un nom ; qui est innommable et ne peut apparaître que par la poésie. Notion de matérialité qui n'a plus rien de commun avec la matière opposée à la pensée et à l'esprit dont se nourrissait le matérialisme classique, et qui, définie par les lois mécanistes qui en épuisaient l'essence et la rendaient intelligible, s'éloignait le plus de la matérialité dans certaines formes de l'art moderne. Celle-ci c'est l'épais, le grossier, le massif, le misérable. Ce qui a de la consistance, du poids, de l'absur-

de, brutale, mais impassible présence; mais aussi de
92 l'humilité, de | la nudité, de la laideur. L'objet matériel,
destiné à un usage, faisant partie d'un décor, se trouve par là
même revêtu d'une forme qui nous en dissimule la nudité.
La découverte de la matérialité de l'être n'est pas la découverte d'une nouvelle qualité, mais de son grouillement
informe. Derrière la luminosité des formes par lesquelles
les êtres se réfèrent déjà à notre « dedans » – la matière est le
fait même de l'*il y a*.

Imaginons le retour au néant de tous les êtres : choses et personnes. Il est impossible de placer ce retour au néant en dehors de tout événement. Mais ce néant lui-même? Quelque chose se passe, fût-ce la nuit et le silence du néant. L'indétermination de ce « quelque chose se passe », n'est pas l'indétermination du sujet, ne se réfère pas à un substantif. Elle désigne comme le pronom de la troisième personne dans la forme impersonnelle du verbe, non point un auteur mal connu de l'action, mais le caractère de cette action elle-même qui, en quelque matière, n'a pas d'auteur, qui est anonyme. Cette « consumation » impersonnelle, | anonyme, mais inextinguible de l'être, celle qui murmure **94** au fond du néant lui-même, nous la fixons par le terme d'*il y a*. L'*il y a*, dans son refus de prendre une forme personnelle, est l'« être en général ».

Nous n'en empruntons pas la notion à un « étant » quelconque – choses extérieures ou monde intérieur. L'*il y a* transcende en effet l'intériorité comme l'extériorité dont il ne rend même pas possible la distinction. Le courant anonyme de l'être envahit submerge tout sujet, personne ou chose. La distinction sujet-objet à travers laquelle nous abordons les existants n'est pas le point de départ d'une méditation qui aborde l'être en général.

Si le terme d'expérience n'était pas inapplicable à une situation qui est l'exclusion absolue de la lumière, nous pourrions dire que la nuit est l'expérience même de l'*il y a*.

Lorsque les formes des choses sont dissoutes dans la nuit, l'obscurité de la nuit, qui n'est pas un objet ni la qualité d'un objet, envahit comme une présence. Dans la nuit où nous sommes rivés à elle, nous n'avons affaire à rien. Mais ce rien n'est pas celui d'un pur néant. Il n'y a plus *ceci*, ni *cela*; il n'y a pas « quelque chose ». Mais cette universelle absence est, à son tour, une présence, une présence absolument inévitable. Elle n'est pas le pendant dialectique de 95 l'absence et ce n'est pas | par une pensée que nous la saisissons. Elle est immédiatement là. Il n'y a pas de discours. Rien ne nous répond, mais ce silence, la voix de ce silence est entendue et effraie comme « le silence de ces espaces infinis » dont parle Pascal. *Il y a* en général, sans qu'importe ce qu'il y a, sans qu'on puisse accoler un substantif à ce terme *Il y a* forme impersonnelle, comme il pleut ou il fait chaud. Anonymat essentiel. L'esprit ne se trouve pas en face d'un extérieur appréhendé. L'extérieur – si on tient à ce terme – demeure sans corrélation avec un intérieur. Il n'est plus donné. Il n'est plus monde. Ce qu'on appelle le moi, est, lui-même, submergé par la nuit, envahi, dépersonnalisé, étouffé par elle. La disparition de toute chose et la disparition du moi, ramènent à ce qui ne peut disparaître, au fait même de l'être auquel *on* participe, bon gré malgré, sans en avoir pris l'initiative, anonymement. L'être demeure comme un champ de force, comme une lourde ambiance n'appartenant à personne, mais comme universel, retournant au sein même de la négation qui l'écarte, et à tous les degrés de cette négation.

Il y a l'espace nocturne, mais ce n'est plus l'espace vide ; la transparence, qui, à la fois, nous distingue des choses et nous permet d'y accéder, par laquelle elles sont données. L'obscurité la remplit comme un contenu, il est plein, mais plein de néant du tout. Peut-on parler de sa continuité ? | Il est certes ininterrompu. Mais les points de l'espace **96** nocturne ne se réfèrent pas les uns aux autres, comme dans l'espace éclairé ; il n'y a pas de perspective, ils ne sont pas situés. C'est un grouillement de points.

Toutefois cette analyse ne consiste pas à illustrer la thèse du Professeur Mosch Turpin des *Contes d'Hoffmann* : la nuit est l'absence du jour. L'absence de perspective n'est pas purement négative. Elle devient insécurité. Non point que les choses recouvertes par l'obscurité échappent à notre prévision et qu'il devienne impossible de mesurer à l'avance leur approche. L'insécurité ne vient pas des choses du monde diurne que la nuit recèle, elle tient précisément au fait que rien n'approche, que rien ne vient, que rien ne menace : ce silence, cette tranquillité, ce néant de sensations constituent une sourde menace indéterminée, absolument. L'indétermination en fait l'acuité. Il n'y a pas d'être déterminé, n'importe quoi vaut pour n'importe quoi. Dans cette équivoque se profile la menace de la présence pure et simple, de l'*il y a*. Il est impossible devant cette invasion obscure de s'envelopper en soi, de rentrer dans sa coquille. On est exposé. Le tout est ouvert sur nous. Au lieu de servir à notre accession à l'être, l'espace nocturne nous livre à l'être.

Les choses du monde diurne ne deviennent donc pas dans la nuit la source de l'« horreur des ténèbres » | parce **97** que le regard n'arriverait pas à guetter leurs « imprévisibles desseins », c'est tout au contraire à cette horreur qu'elles empruntent leur caractère fantastique. L'obscurité ne modifie pas seulement leurs contours pour la vision, mais les ramène à l'être indéterminé, anonyme qu'elles suintent.

Aussi peut-on parler de nuits en plein jour. Les objets éclairés peuvent nous apparaître comme à travers leurs crépuscules. Telle la ville irréelle, inventée, que l'on trouve après un voyage fatigant; les choses et les êtres nous atteignent comme si elles n'étaient plus un monde, nageant dans le chaos de leur existence. Telle aussi la réalité «fantastique», «hallucinante» chez des poètes comme Rimbaud, même quand ils nomment les choses les plus familières, les êtres les plus habituels. L'art méconnu de certains romanciers réalistes et naturalistes, malgré leurs professions de foi et leurs préfaces, produit le même effet: ces êtres et ces choses qui s'abîment dans leur « matérialité » terriblement présents par leur épaisseur, par leur poids, par leur format. Certains passages de Huysmans, de Zola, la calme et souriante horreur de tel conte de Maupassant, ne donnent pas seulement, comme on le pense parfois, une peinture «fidèle» ou excessive de la réalité, mais pénètrent – derrière la forme que la lumière révèle –, dans cette 98 matérialité qui, loin de correspondre | au matérialisme philosophique des auteurs, constitue le fond obscur de l'existence. Il nous font apparaître les choses à travers une nuit, comme une monotone présence qui nous étouffe dans l'insomnie.

Le frôlement de l'*il y a*, c'est l'horreur. Nous avons déjà marqué son insinuation dans la nuit, comme une menace indéterminée de l'espace lui-même dégagé de sa fonction de réceptacle d'objets, d'accès aux êtres. Il faut y insister.

Être conscience, c'est être arraché à l'*il y a*, puisque l'existence d'une conscience constitue une subjectivité, puisqu'elle est sujet d'existence c'est-à-dire, dans une certaine mesure, maîtresse de l'être, déjà nom, dans l'anonymat de la nuit. L'horreur est, en quelque sorte, un mouvement qui va dépouiller la conscience de sa « subjectivité » même. Non pas en l'apaisant dans l'inconscient, mais en la précipitant dans une *vigilance impersonnelle*, dans une *participation*, au sens que Lévy-Bruhl donne à ce terme.

La nouveauté de l'idée de participation introduite par Lévy-Bruhl pour décrire une existence où l'horreur joue le rôle d'une émotion dominante, consiste dans la destruction des catégories qui servaient, jusqu'alors, à la description des sentiments suscités par le « sacré ». Si chez Durkheim le sacré tranche sur l'être profane, par les sentiments qu'il provoque, ces sentiments demeurent ceux d'un sujet | en face ⁹⁹ d'un objet. L'identité de chacun de ces termes ne semble pas en question. Les qualités sensibles de l'objet sacré, sans commune mesure avec la puissance émotionnelle qu'il dégage et avec la nature même de cette émotion, rendent compte, comme porteurs de « représentations collectives » de cette disproportion et de cette inadéquation. Il en est tout autrement chez Lévy-Bruhl. Dans la participation mystique, foncièrement distincte de la participation platonicienne à un genre, l'identité des termes se perd. Ils se dépouillent de ce qui constitue leur substantivité même. La participation d'un terme à l'autre n'est pas dans la communauté d'un attribut, un terme *est l'autre*. L'existence *privée* de chaque terme, maîtrisée par le sujet qui est, perd ce caractère privé, retourne à un fond indistinct ; l'existence de l'un submerge l'autre et, par là même, n'est plus l'existence de l'un. Nous reconnaissons en elle l'*il y a*. L'impersonnalité du sacré dans les religions primitives, qui pour Durkheim est le Dieu « encore » impersonnel, d'où sortira un jour le Dieu des religions évoluées, décrit, tout au contraire, un monde où rien ne prépare l'apparition d'un Dieu. Plutôt qu'à Dieu, la notion de l'*il y a* nous ramène à l'absence de Dieu, à l'absence de tout étant. Les primitifs sont absolument avant la Révélation, avant la lumière.

L'horreur n'est en aucune façon une angoisse de mort. Les primitifs ne témoignent, d'après Lévy-Bruhl, à l'égard de la mort, comme fait naturel, que de l'indifférence. C'est de sa subjectivité, de son pouvoir d'existence privée que le sujet est dépouillé dans l'horreur. Il est dépersonnalisé. La « nausée » comme sentiment de l'existence, n'est pas encore une dépersonnalisation ; alors que l'horreur met à l'envers la subjectivité du sujet, sa particularité d'*étant*. Elle est la participation à l'*il y a*. À l'*il y a* qui retourne au sein de toute négation, à l'il y a « sans issue ». C'est, si l'on peut dire, l'impossibilité de la mort, l'universalité de l'existence jusque dans son anéantissement.

Tuer comme mourir, c'est chercher une sortie de l'être, aller là où la liberté et la négation opèrent. L'horreur est l'événement d'être qui retourne au sein de cette négation, comme si rien n'avait bougé. « Et cela, dit Macbeth, est plus étrange que le crime lui-même ». Dans le néant que crée le crime, l'être se condense jusqu'à l'étouffement et arrache précisément la conscience à sa « retraite » de conscience. Le cadavre c'est l'horrible. Il porte déjà en lui son propre fantôme, il annonce son retour. Le revenant, le fantôme, constitue l'élément même de l'horreur.

La nuit donne une allure fantômatique aux objets qui la remplissent encore. « Heure du crime », « Heure du vice », crime et vice portent eux aussi la marque d'une réalité surnaturelle. Les malfaiteurs inquiètent eux-mêmes comme des revenants. Ce | retour de la présence dans la négation, 101 cette impossibilité de s'évader d'une existence anonyme et incorruptible constitue le plus profond du tragique shakespearien. La fatalité de la tragédie antique devient la fatalité de l'être irrémissible.

Les spectres, les fantômes, les sorcières ne sont pas seulement le tribut de Shakespeare à son temps ou le vestige des matériaux utilisés ; ils permettent de se mouvoir constamment sur cette limite de l'être et du néant où l'être s'insinue dans le néant même, comme « les bulles de la terre » (*the Earth Hath Bubbles*). Hamlet recule devant le « ne pas être » parce qu'il y pressent le retour de l'être (*to dye, to sleepe, to sleepe, perchance to Dreame*). Dans Macbeth l'apparition du spectre de Banco constitue également une expérience décisive du « sans issue » de l'existence, de son retour fantômatique à travers les fissures par où on l'avait chassée. « The times have been, that when the Brains were out, the man would dye, and there an end ; But now they rise again... and push us from our stools. This is more strange than such a murther is ». « Et c'est fini » est impossible. L'horreur ne tient pas au danger. « What man dare, I dare... Approach thou like the rugged Russian Bear, etc. Take any shape but that, and my firm Nerves shall never tremble... Hence horrible Shadow, unreal mockery hence… » C'est l'ombre de l'être qui horrifie Macbeth : l'être se profilant dans le néant.

102 | L'horreur de la nuit, en tant qu'expérience de l'*il y a*, ne nous révèle donc pas un danger de mort, ni même un danger de douleur. Point essentiel de toute cette analyse. Le néant pur de l'angoisse heideggerienne, ne constitue pas l'*il y a*. Horreur de l'être opposée à l'angoisse du néant ; peur d'être et non point pour l'être ; être en proie, être livré à quelque chose qui n'est pas un « quelque chose ». La nuit dissipée au premier rayon du soleil, l'horreur de la nuit ne se définit plus. Le « quelque chose » apparaît « rien ».

L'horreur exécute la condamnation à la réalité perpétuelle, le « sans-issue » de l'existence.

> *Le ciel, tout l'univers est plein de mes aïeux.*
> *Où me cacher ? Fuyons dans la nuit infernale !*
> *Mais que dis-je ? mon père y tient l'urne fatale.*

Phèdre découvre l'impossibilité de la mort, l'éternelle responsabilité de son être dans un univers plein où, engagement irrésiliable, son existence n'a plus rien de privé.

Nous opposons donc l'horreur de la nuit, « le silence et l'horreur des ténèbres », à l'angoisse heideggerienne ; la peur d'être à la peur du néant. Alors que l'angoisse, chez Heidegger, accomplit l'« être pour la mort », saisie et comprise en quelque façon, – l'horreur de la nuit « sans issue » et « sans réponse » est l'existence irrémissible. « Demain, hélas ! il faudra vivre encore » demain, contenu
103 dans l'infini de l'aujourd'hui. | Horreur de l'immortalité,

perpétuité du drame de l'existence, nécessité d'en assumer à jamais la charge[1].

Lorsque, dans le dernier chapitre de *l'Evolution Créatrice*, Bergson montre que le concept du néant équivaut à l'idée de l'être biffé, il semble entrevoir une situation analogue à celle qui nous mène à la notion de l'*il y a*.

La négation – qui, d'après Bergson, a un sens positif en tant que mouvement de l'esprit qui rejette un être pour en penser un autre, – appliquée à la totalité de l'être, n'aurait plus de sens. Nier la totalité de l'être, c'est, pour la conscience, plonger dans une espèce d'obscurité, où, du moins, elle demeure en tant que fonctionnement, en tant que conscience de cette obscurité. La négation totale serait donc impossible, penser le néant – une illusion. Mais la critique bergsonienne du néant ne vise que la nécessité d'un étant, d'un « quelque chose » qui existe. Il aborde l'être, dans toute sa critique comme un « étant », et aboutit à un *étant* résiduel. L'obscurité où plonge la conscience ayant éteint toute lueur dans l'être, est également | comprise comme 104 contenu. Le fait que c'est un contenu obtenu par négation de tout contenu, reste sans considération. Or, c'est là toute l'originalité de la situation. L'obscurité, – en tant que présence de l'absence, n'est pas un contenu purement présent. Il ne s'agit pas d'un « quelque chose » qui reste, mais de l'atmosphère même de présence, qui peut

---

1. *Thomas l'Obscur*, de Maurice Blanchot, s'ouvre sur la description de l'*Il y a* (*cf.*, en particulier chapitre II, Pais Gallimard, 2005). La présence de l'absence, la nuit, la dissolution du sujet dans la nuit, l'horreur d'être, le retour d'être au sein de tous les mouvements négatifs, la réalité de l'irréalité, y sont admirablement dits.

apparaître certes après coup comme un contenu, mais qui, originellement, est l'événement impersonnel, a-substantif de la nuit et de l'*il y a*. C'est comme une densité du vide, comme un murmure du silence. Il n'y a rien, mais il y a de l'être, comme un champ de forces. L'obscurité est le jeu même de l'existence qui se jouerait même s'il n'y avait rien. C'est précisément pour exprimer cette situation paradoxale que nous introduisons le terme d'«il y a». Nous tenons à appeler l'attention sur cet être-densité, atmosphère, champ – qui ne s'identifie pas avec l'objet doué de cette densité ou saisi par le souffle de l'existence, ou situé dans un champ de forces; sur la densité existentielle du vide lui-même, du vide de tout être, ou du vide du vide, et quel que soit le degré de cette négation appliquée à elle-même. La négation n'aboutit pas à l'être en tant que structure et organisation des objets, ce qui s'affirme et s'impose dans la situation extrême que nous avons imaginée – et que dans la nuit et le tragique nous approchons – c'est l'être en tant que champ 105 impersonnel, un champ | sans propriétaire et sans maître, où la négation et l'anéantissement et le néant sont des événements comme l'affirmation et la création et la subsistance, mais événements impersonnels. Présence de l'absence, l'*il y a* est au-dessus de la contradiction; il embrasse et domine sa contradictoire. Dans ce sens, l'être n'a pas de portes de sortie.

L'idée de la mort et de l'angoisse devant la mort a pu, dans la philosophie moderne, être opposée à la critique bergsonienne du néant. «Réaliser» la pensée du néant n'est pas voir le néant, mais mourir. En tant que mort et attitude à l'égard de la mort, la négation de l'être est autre chose qu'une pensée impassible. Mais, là encore, le néant est

pensé indépendamment de l'*il y a*, dans une mécon-
naissance de l'universalité de l'*il y a*; le caractère dialectique de la présence de l'absence passe inaperçu. On part
de l'être qui est un contenu limité par le néant. Le néant est
encore envisagé comme la fin et la limite de l'être, comme
un océan qui le bat de tous côtés. Il faut précisément se
demander, si impensable comme limite ou négation de
l'être, le « néant » n'est pas possible en tant qu'intervalle et
interruption, si la conscience avec son pouvoir de sommeil,
de suspension, d'*époché*, n'est pas le lieu de ce néant-
intervalle[1].

---

1. Toute cette section, précédée d'une partie de notre Introduction, a été
publiée dans *Deucalion I*, sous le titre de *Il y a*, avec de légères modifications.

| L'HYPOSTASE

L'impossibilité de déchirer l'envahissant, l'inévitable et l'anonyme bruissement de l'existence se manifeste en particulier à travers certains moments où le sommeil se dérobe à nos appels. On veille quand il n'y a plus rien à veiller et malgré l'absence de toute raison de veiller. Le fait nu de la présence opprime : on est tenu à l'être, tenu à être. On se détache de tout objet, de tout contenu, mais il y a présence. Cette présence qui surgit derrière le néant n'est ni *un être*, ni le fonctionnement de la conscience s'exerçant à vide, mais le fait universel de l'*il y a*, qui embrasse et les choses et la conscience.

| La distinction entre l'attention qui se dirige sur les **110** objets – qu'ils soient intérieurs ou extérieurs – et la vigilance qui s'absorbe dans le bruissement de l'être inévitable, va plus loin. Le moi est emporté par la fatalité de l'être. Il n'y a plus de dehors, ni de dedans. La vigilance est absolument vide d'objets. Ce qui ne revient pas à dire qu'elle est expérience du néant; mais qu'elle est aussi anonyme que la nuit elle-même. L'attention suppose la liberté du moi qui la dirige; la vigilance de l'insomnie qui tient ouverts nos yeux n'a pas de sujet. C'est le retour même de la présence dans le vide laissé par l'absence – non pas retour de *quelque chose*, mais d'une présence; c'est le réveil de l'*il y a* au sein de la négation, – c'est une infaillibilité de l'être où ne se relâche

jamais l'œuvre d'être; c'est son insomnie même. La conscience du sujet pensant – avec son pouvoir d'évanescence, de sommeil et d'inconscient – est précisément la rupture de l'insomnie de l'être anonyme, la possibilité de « suspendre », d'échapper a ce devoir de corybanthe, d'avoir un refuge en soi pour s'y retirer de l'être; avoir, comme Pénélope, une nuit à soi pour défaire l'ouvrage veillé et surveillé dans la journée. L'*il y a* – le jeu d'être – ne se joue pas à travers des oublis, ne s'emboîte pas comme un rêve dans un sommeil. Son événement même consiste dans une impossibilité – dans une opposition aux possibilités – 111 de sommeil, de détente, d'assoupissement, | d'absence. Ce retour de la présence dans l'absence ne se fait pas dans des instants distincts, comme un flux et un reflux. Le rythme manque à l'*il y a*, comme la perspective aux points grouillants de l'obscurité. Il faudrait la position d'un sujet pour que l'instant puisse faire irruption dans l'être, pour que s'arrête cette insomnie qui est comme l'éternité même de l'être.

Nous introduisons ainsi dans l'événement impersonnel de l'*il y a* non point la notion de conscience, mais la veille à laquelle la conscience participe tout en s'affirmant comme conscience précisément parce qu'elle ne fait qu'y participer. La conscience est une partie de la veille, c'est-à-dire : elle l'a déjà déchirée. Elle comporte précisément un abri contre cet être auquel, en nous dépersonnalisant, nous atteignons dans l'insomnie ; cet être qui ne se perd, ni ne se dupe, ni ne s'oublie – qui est, si l'on doit tenter l'expression, – complètement dessaoûlé.

La veille est anonyme. Il n'y a pas *ma* vigilance à la nuit, dans l'insomnie, c'est la nuit elle-même qui veille. Ça veille. Dans cette veille anonyme où je suis entièrement exposé à l'être, toutes les pensées qui remplissent mon insomnie sont suspendues à *rien*. Elles sont sans support. Je suis, si l'on veut, l'objet plutôt que le sujet d'une pensée anonyme. Certes, je fais du moins l'expérience d'être objet, je prends encore conscience de cette vigilance anonyme; mais j'en prends conscience | dans un mouvement par **112** lequel le moi s'est déjà détaché de l'anonymat et où la situation limite de l'impersonnelle vigilance se reflète dans le reflux d'une conscience qui l'abandonne. Il faut faire valoir cette expérience de la dépersonnalisation avant de la compromettre par une réflexion sur ses conditions.

L'affirmation de l'anonyme vigilance dépasse le *phénomène* qui suppose déjà un moi, échappe par conséquent à la phénoménologie descriptive. La description utilise ici des termes dont elle cherche précisément à dépasser la consistance, elle met en scène des *personnages*, alors que l'*il y a* est leur dissipation. Indice d'une méthode où la pensée est invitée au delà de l'intuition.

Nous pouvons être plus ou moins proches de cette situation-limite. Dans certains réveils du délire, dans certains paradoxes de la folie, on peut surprendre cette «conscience» impersonnelle où l'insomnie s'abîme. La fatalité de ces étranges états qu'il est impossible de raconter, tient au fait qu'ils ne m'arrivent même pas à moi, comme à leur sujet. Leur étau est déjà desserré, malgré le désagrément ou la douleur qui peuvent persister, à l'instant où je suis à même de penser que ces états m'arrivent à moi, où je leur aperçois un sujet. Impersonnalité qui est tout le contraire de l'inconscience; elle tient à l'absence de maître, à l'être qui n'est l'être de personne.

113 | L'insomnie nous met donc dans une situation où la rupture avec la catégorie du substantif n'est pas seulement la disparition de tout objet, mais l'extinction du sujet.

En quoi consiste, dès lors, l'avènement du sujet ?

a) *Conscience et inconscient*

La conscience a paru trancher sur l'*il y a* par sa
possibilité de l'oublier et de le suspendre – par sa possibilité
de dormir. Elle est un mode d'être, mais, assumant
l'être, elle est son hésitation même. Par là, elle se donne une
dimension de repli. Lorsque Jonas, de la Bible, héros de
l'évasion impossible, invocateur du néant et de la mort,
constate au milieu des éléments déchaînés, l'échec de sa
fuite et la fatalité de sa mission, il descend dans la cale du
bateau et s'endort.

Le paradoxe consiste à définir la conscience par
l'inconscient. Ils ne se confondent pas. Mais | l'événement **116**
de la conscience ne se réfère pas à l'inconscience seulement
comme à son contraire. La conscience, dans son opposition
à l'inconscient n'est pas faite de cette opposition, mais de ce
voisinage, de cette communication avec son contraire :
dans son élan même, la conscience se lasse et s'interrompt,
a un recours contre elle-même. Dans son intentionalité
même, elle se décrit comme une issue dans une profondeur
sous-jacente, comme ce pouvoir que le poète Vorge de
Jules Romains a appelé le pouvoir de « f... le camp par
l'intérieur ». Elle n'est jamais au pied du mur.

Ce n'est pas en deux temps que se fait ce recul de la conscience vers l'inconscient ou cette sortie de la conscience du fond de l'inconscient. Dans l'activité même de la pensée, bourdonne l'arrière-pensée. C'est le clin d'œil fait de regard et de non-regard. Le présent, comme nous l'avons montré dans l'effort qui le constitue, est derrière le présent. Il se rattrape dans un retard sur lui-même ou accomplit un recul, un choc en retour, dans la simplicité de son coup.

D'autre part, l'inconscient que couve la conscience n'est pas à son tour une intention qui prolongerait, en l'intégrant dans un système de finalité plus vaste, la sincérité même de l'intention dirigée sur le monde, comme si un monde obscur, en tous points identique au monde clair, se 117 survivait sous le voile de la nuit. Les arrière-pensées | ne sont pas des pensées promises au même rang que la pensée, mais qui attendent leur promotion. Et la façon dont la conscience se réfère à l'inconscient n'est pas une intention à son tour. Elle consiste dans une pâmoison au point même de sa luminosité. Elle caractérise la production même de la lumière, comme un scintillement.

b) *Ici*

La pensée que l'idéalisme nous a habitués à situer hors de l'espace est – essentiellement, et non pas par l'effet d'une chute ou d'une dégradation – ici. Le corps exclu par le doute cartésien, c'est le corps objet. Le *cogito* n'aboutit pas à l'impersonnelle position : « il y a de la pensée », mais à la première personne du présent : « je suis une chose qui pense ». Le mot *chose* est ici admirablement précis. Le plus

profond enseignement du *cogito* cartésien consiste précisément à découvrir la pensée comme substance, c'est-à-dire
comme quelque chose qui se pose. La pensée a un point de
départ. Il ne s'agit pas seulement d'une conscience de localisation, mais d'une localisation de la conscience qui ne se
résorbe pas à son tour en conscience, en savoir. Il s'agit de
quelque chose qui tranche sur le savoir, d'une condition.
Le savoir du savoir est également ici, il sort, en quelque
manière, d'une épaisseur matérielle, d'une | protubérance, **118**
d'une tête. La pensée, qui se répand instantanément dans le
monde, conserve une possibilité de se ramasser dans l'*ici*,
dont elle n'est jamais détachée. La conscience est précisément le fait que l'impersonnelle et ininterrompue affirmation de « vérités éternelles » peut devenir simplement une
pensée, c'est-à-dire peut, malgré son éternité sans sommeil,
commencer ou finir dans une tête, s'allumer ou s'éteindre,
s'échapper d'elle-même : la tête retombe sur les épaules –
on dort.

Possibilité de dormir, qui est déjà fournie par l'exercice
même de la pensée, Elle n'est pas d'abord pensée et ensuite
ici; en tant que pensée, elle est ici, déjà à l'abri de l'éternité et de l'universalité. Localisation qui ne suppose pas
l'espace. Elle est tout le contraire de l'objectivité. Elle ne
suppose pas une pensée derrière elle qui aurait à saisir l'*ici*
– dans cette dialectique par laquelle commence la *Phénoménologie* de Hegel – et qui est un *ici* objectif. La localisation de la conscience n'est pas subjective, mais la
subjectivation du sujet. Le scintillement de la conscience,
son repli dans le plein, c'est, sans aucune référence à
l'espace objectif, le phénomène même de la localisation
et du sommeil, qui est précisément l'événement sans

événement, l'événement intérieur. L'inconscient en tant
que sommeil n'est pas une nouvelle vie qui se joue sous
119 la vie : c'est une participation à la vie | par la non-
participation, par le fait élémentaire de reposer.

c) *Le sommeil et le lieu*

En quoi consiste, en effet, le sommeil ? Dormir, c'est
suspendre l'activité psychique et physique. Mais à l'être
abstrait, planant dans l'air, manque une *condition* essentielle de cette suspension : le lieu. L'appel du sommeil se
fait dans l'acte de se coucher. Se coucher, c'est précisément
borner l'existence au lieu, à la position.

Le lieu n'est pas un « quelque part » indifférent, mais
une base, une *condition*. Certes, nous comprenons commu-
nément notre localisation comme celle d'un corps situé
n'importe où. C'est que la relation positive avec le lieu
que nous entretenons dans le sommeil est masquée par nos
relations avec les choses. Seules alors les déterminations
concrètes du milieu, du décor, les attachements de l'habitude et de l'histoire prêtent un caractère individuel au lieu
devenu le *chez-soi*, la ville natale, la patrie, le monde.
Détachée de l'ambiance, la localisation devient généralement la présence dans une étendue abstraite, comme
d'une étoile dans l'infini de l'espace. Le sommeil rétablit la
relation avec le lieu comme base. En nous couchant, en
nous blottissant dans un coin pour dormir, nous nous aban-
donnons à un lieu – il devient notre refuge en tant que base.
120 Toute notre œuvre d'être ne consiste | alors qu'à reposer.
Dormir, c'est comme entrer en contact avec les protectrices
vertus du lieu, chercher le sommeil, c'est chercher ce

contact par une espèce de tâtonnement. Celui qui se réveille se retrouve enfermé dans son immobilité comme un œuf dans sa coquille. Cet abandon à la base qui offre en même temps un refuge constitue le sommeil par lequel l'être, sans se détruire, demeure suspendu.

C'est à partir du repos, à partir de la position, à partir de cette relation unique avec le lieu, que vient la conscience. La position ne s'ajoute pas à la conscience comme un acte qu'elle décide, c'est à partir de la position, d'une immobilité, qu'elle vient à elle-même. Elle est un engagement dans l'être qui consiste à se tenir précisément dans le non-engagement du sommeil. Elle « a » une base, elle « a » un lieu. Le seul avoir qui ne soit pas encombrant, mais qui est la *condition* : la conscience, *est* ici. Que la conscience soit ici n'est pas à son tour un fait de conscience, ni une pensée, ni un sentiment, ni une volition, mais la position de la conscience. Il ne s'agit pas du *contact* avec la terre : s'appuyer sur la terre est plus que la sensation du contact, plus qu'une connaissance de la base. Ce qui est ici « *objet* » de connaissance ne fait pas vis-à-vis au sujet, mais le supporte et le supporte au point que c'est par le fait de s'appuyer sur la base que le sujet se pose comme sujet.

| L'antithèse de la position n'est pas la liberté d'un sujet **121** suspendu en l'air, mais la destruction du sujet, la désintégration de l'hypostase. Elle s'annonce dans l'émotion. L'émotion est ce qui bouleverse. La psychologie physiologiste qui, partant de l'émotion-choc, présentait les émotions en général comme une rupture d'équilibre, nous semble sur ce point – malgré un langage élémentaire – saisir la vraie nature de l'affectivité, plus fidèlement que les analyses phénoménologiques qui lui conservent, malgré

tout, un caractère de compréhension et, par conséquent, d'appréhension (Heidegger), parlent d'une expérience émotionnelle et d'un objet revêtu de nouvelles propriétés (Husserl, Scheler). L'émotion met non point l'existence, mais la subjectivité du sujet en question ; elle l'empêche de se ramasser, de réagir, d'être quelqu'un. Ce qu'il y a de positif dans le sujet s'abîme dans le nullepart. L'émotion est une manière de se tenir en perdant la base. Elle est, dans son fond, le vertige même qui s'insinue en elle, le fait *de se trouver au-dessus d'un vide*. Le monde des formes s'ouvre comme un abîme sans fond. Le cosmos éclate pour laisser béer le chaos, c'est-à-dire l'abîme, l'absence de lieu, l'*il y a*.

L'ici de la conscience – le lieu de son sommeil et de son évasion en soi – diffère radicalement du *Da* impliqué dans le *Dasein* heideggerien. Celui-ci implique déjà le monde. L'*ici* dont nous partons, | l'*ici* de la position, précède toute compréhension, tout horizon et tout temps. Il est le fait même que la conscience est origine, qu'elle part d'elle-même, qu'elle est *existant*. Dans sa vie même de conscience, elle vient toujours de sa position, c'est-à-dire de la « relation » préalable avec la base, avec le lieu que dans le sommeil, elle épouse exclusivement. En se posant sur une base, le sujet encombré par l'être se ramasse, se dresse et devient le maître de tout ce qui l'encombre ; son *ici* lui donne un point de départ. Le sujet prend sur lui. Les contenus de la conscience sont des *états*. Son immobilité, sa fixité de sujet tient non pas à la référence invariable à quelques coordonnées de l'espace idéal, mais à sa *stance*, à l'événement de sa position qui ne se réfère qu'à lui-même, qui est l'origine de la fixité en général – le commencement de la notion même du commencement.

Le lieu, avant d'être un espace géométrique, avant d'être l'ambiance concrète du monde heideggerien, est une base. Par là, le corps est l'avènement même de la conscience. En aucune façon, il n'est chose. Non seulement parce qu'une âme l'habite, mais parce que son être est de l'ordre de l'événement et non pas du substantif. Il ne se pose pas, il est la position. Il ne se situe pas dans un espace donné au préalable – il est l'irruption dans l'être anonyme du fait même de la localisation. De cet événement on ne rend pas compte quand, au | delà de l'expérience externe du corps, 123 on insiste sur son expérience interne sur la cénesthésie.

La cénesthésie est faite de sensations, c'est-à-dire de renseignements élémentaires. Le corps est notre possession, mais le lien de possession se résout finalement en un ensemble d'expériences et de savoirs. La matérialité du corps demeure une *expérience* de la matérialité. Dira-t-on que la cénesthésie est plus qu'une connaissance, que, dans la sensibilité interne, il y a une intimité allant jusqu'à l'identification ; que je suis ma douleur, ma respiration, mes organes, que je n'*ai* pas seulement un corps, mais que je *suis* un corps ? Mais, là encore, le corps est un être, un substantif, à la rigueur un moyen de localisation, et non pas la manière dont l'homme s'engage dans l'existence, dont il se pose. Le saisir comme événement, c'est dire qu'il n'est pas l'instrument ou le symbole, ou le symptôme de la position, mais la position même, qu'en lui s'accomplit la mue même d'événement en être.

Certes, le corps passait toujours pour être plus qu'un amas de matière. Il logeait une âme qu'il avait le pouvoir d'exprimer. Le corps pouvait être plus ou moins expressif et il avait des parties qui l'étaient plus ou moins. Le visage et les yeux, miroirs de l'âme, étaient les organes par excellence de l'expression. Mais la spiritualité du corps ne 124 réside pas dans ce pouvoir d'exprimer l'intérieur. | De par sa position il accomplit la condition de toute intériorité. Il n'exprime pas un événement, il est lui-même cet événement. C'est une des plus fortes impressions qu'on retient de la sculpture de Rodin. Ses êtres ne se trouvent jamais sur un socle conventionnel ou abstrait. L'événement qu'accomplissent ses statues réside beaucoup plus dans leur relation avec la base, dans leur position, que dans leur relation avec une âme – savoir ou pensée, qu'ils auraient à exprimer.

d) *Le présent et l'hypostase*

Par la position, la conscience participe au sommeil. La possibilité de reposer, de s'envelopper en soi, c'est la possibilité de s'abandonner à la base, de se coucher. Elle est contenue dans la conscience en tant que la conscience est localisée. Le sommeil, repli dans le plein, s'accomplit dans la conscience comme position. Mais la position est l'événement même de l'instant comme présent.

Si on aborde le présent dans le temps, il apparaît, conformément à une tradition philosophique déjà ancienne, comme l'évanescence même de l'être.

Mais on peut se demander si l'évanescence du présent n'est pas la seule possibilité pour un sujet de surgir dans l'être anonyme et d'être susceptible de temps. On peut se demander si l'impossible possession du présent ne tient pas au fait que c'est par l'évanescence du présent seulement 125 que la | possession elle-même devient possible. En effet, l'instant du temps, dans sa production, peut ne pas venir d'une série infinie qu'il faudrait parcourir, mais montrer de l'indifférence à cette série ; il peut sans dénouer le nœud gordien du temps, le trancher. Être à partir de lui-même. Cette façon pour l'instant d'être, c'est être présent. Le présent est une ignorance de l'histoire. En lui, l'infini du temps ou de l'éternité est interrompu et recommence. Le présent est donc une situation dans l'être où il n'y a pas seulement de l'être en général, mais où il y a un être, un sujet.

Parce que le présent ne se réfère qu'à soi, part de soi, il est réfractaire à l'avenir. Son évanescence, sa pâmoison rentrent dans sa notion. S'il durait, il se lèguerait. Il aurait déjà tiré son être d'un héritage et non point de soi-même. Il ne peut donc avoir aucune continuité. Son évanescence est la rançon de sa subjectivité, c'est-à-dire de la transmutation au sein du pur événement d'être, de l'événement en substantif, de l'hypostase. Le temps par lui-même se refuse à toute hypostase, les images de courant et de flux par lesquelles on l'explique s'appliquent aux êtres dans le temps et non pas au temps lui-même. Le temps ne coule pas comme un fleuve. Mais le présent réalise la situation exceptionnelle où l'on peut donner à l'instant un nom, le penser comme substantif. Non point par un abus de langage, mais en vertu d'une transmutation | ontologique, d'une équi- 126 voque essentielle. L'« arrêt » de l'instant ne doit pas être recherché comme une étendue du temps immobilisée – dont une psychologie scientifique pourrait par derrière mesurer la durée. Le présent est arrêt, non pas parce qu'il est arrêté, mais parce qu'il interrompt et renoue la durée à laquelle il vient à partir de soi. Malgré son évanescence dans le temps où on l'envisage exclusivement, ou plutôt à cause d'elle,

il est accomplissement d'un sujet. Il tranche sur la durée
où il est saisi.

e) *Le présent et le temps*

La philosophie moderne professe un mépris pour
l'instant où elle voit uniquement l'illusion du temps scien-
tifique, dépouillé de tout dynamisme, de tout devenir.
L'instant ne lui semble exister qu'à la limite de deux temps,
pure abstraction. La réalité serait faite de l'élan concret de la
durée, toujours tourné vers l'avenir; toujours mordant sur
lui. La considération fondamentale qui permet ce déni-
grement de l'instant tient au fait que, par lui-même, l'instant
n'a pas de grandeur, n'a pas de durée, n'est pas la durée.
Considération légitime, s'il est vrai que l'instant doit être
compris en fonction du temps et que la relation du temps
avec l'existence est claire par elle-même.

C'est en effet à partir du temps qu'au cours de toute
127 son histoire, la philosophie comprenait l'instant. | Non pas
qu'elle se soit imaginé vulgairement le temps composé
d'instants. Ni Platon, ni Aristote – et à plus forte raison – ni
Hamelin, ni Bergson, ni Heidegger n'ont commis cette
erreur. Mais que l'instant soit saisi comme complément dialectique de l'intervalle, ou comme une vue latérale prise sur
la durée, ou comme surgissant dans l'élan vers l'avenir, qui
ploie déjà sous la charge du passé, l'instant emprunte dans
toute la philosophie moderne sa signification à la dialectique du temps; il ne possède pas de dialectique propre. Il
n'a pas de fonction ontologique autre que celle que, au gré
des variations des doctrines, on accorde au temps.

D'autre part, la relation du temps avec l'existence ne semble pas moins évidente, ni moins simple à travers toute la philosophie (à l'exception toutefois de Heidegger, qui en pose précisément le problème). L'extension du temps apparaît comme l'extension même de l'existence. La pérennité est la forme supérieure de l'existence. Il est vrai que l'éternité, sur laquelle le temps ne mord pas, se place encore au-dessus de la pérennité. Mais cette supériorité de l'éternité tient précisément au fait que le temps n'y mord pas. La puissance de l'éternité se définit par sa résistance à la destruction du temps. Mais, prémunie contre la destruction temporelle, l'éternité n'est pas sans ressemblance avec le temps en tant que trame de ce qui dure, de ce | qui est **128** durable. A l'instant où l'existence à la fois naît et meurt succède l'instant où elle naît. Il en recueille l'héritage. C'est la persistance d'une existence à travers la durée qui imite l'éternité. Par là, précisément, le temps est une image mobile de l'éternité immobile. La notion classique de l'éternité n'a pas d'autre signification positive. Toute tentative de la saisir aboutit à une théologie négative, à ce « je ne comprends pas bien moi-même », dont Théodore, dans les *Entretiens Métaphysiques* de Malebranche, pointe les développements sur l'éternité de l'action divine. L'instant par lui-même ne saurait, dans la conception classique, imiter l'éternité, puisqu'il est essentiellement évanescence. Il en est même la négation. C'est la disposition continuelle de l'instant suivant, toujours assurée, qui assume cette fonction. L'existence est conçue comme une *per*sistance dans le temps ; la « stance » de l'instant ne suffit pas à la philosophie classique pour concevoir l'existence éternelle, c'est-à-dire complète. L'existence est quelque chose qui la traverse, passe à travers, accomplit une durée. Et cette manière de voir prouve notre habitude d'envisager l'instant dans sa relation avec les autres instants – de ne chercher dans l'instant d'autre dialectique que la dialectique même du temps.

La théorie de la création continuée de Descartes et de Malebranche signifie, sur le plan phénoménal, l'incapacité **129** de l'instant de rejoindre par lui-même | l'instant suivant. Il est dépourvu, contrairement aux théories de Bergson et de Heidegger, du pouvoir d'être au delà de lui-même. L'instant est privé dans ce sens précis de tout dynamisme. Mais la profondeur des vues de Malebranche consiste en ceci : au lieu de situer la véritable dépendance de la création à l'égard du Créateur dans l'origine de la création et dans sa susceptibilité d'être réduite au néant par un nouveau décret du Créateur, Malebranche la place dans son incapacité de se conserver dans l'existence, dans sa nécessité de recourir à l'efficacité divine à tout instant. Par là Malebranche aperçoit le drame inhérent à l'instant lui-même, sa lutte pour l'existence que le mécanisme méconnaît en considérant l'instant comme un élément simple et inerte du temps. Par là, Malebranche met en valeur un événement de l'instant qui ne consiste pas dans sa relation avec les autres instants.

La subordination de l'instant au temps tient au fait que l'instant est pris n'importe où dans l'« espace du temps », dont les différents points ne se distinguent les uns des autres que par leur ordre, mais où ils se valent.

Nous nous associons donc aux critiques adressées depuis Bergson à la confusion du temps abstrait et du temps concret. Mais la distinction s'impose non pas du fait que l'un est spatialisé et homogène et l'autre – durée insépa- rable de ses | contenus hétérogènes, toujours renouvelée et 130 imprévisible, mais du fait que dans le temps abstrait il y a un ordre des instants, mais il n'y a pas d'instant central, de cet instant par excellence qu'est le présent.

Le point de départ pour comprendre la fonction de l'instant réside précisément dans sa relation exceptionnelle avec l'existence par laquelle nous sommes autorisés à croire que l'instant est par excellence accomplissement de l'existence.

L'instant, avant d'être en relation avec les instants qui le précèdent ou le suivent, recèle un acte par lequel s'acquiert l'existence. Chaque instant est un commen- cement, une naissance. En nous en tenant au plan stricte- ment phénoménal, en laissant de côté la relation transcen- dante que Malebranche perçoit dans l'instant, il reste toujours que l'instant par lui-même est une relation, une conquête, sans que cette relation se réfère à un avenir ou à un passé quelconque, à un être, à un événement placé dans ce passé ou dans cet avenir. En tant que commence- ment et naissance, l'instant est une relation *sui generis*, une relation avec l'être, une initiation à l'être.

Relation dont le caractère paradoxal saute aux yeux. Ce qui commence à être n'existe pas avant d'avoir commencé et c'est cependant ce qui n'existe pas qui doit par son commencement naître à soi-même, venir à soi, sans partir de nulle part. | Paradoxe même du commencement qui 131 constitue l'instant. Il convient d'y insister. Le commen- cement ne part pas de l'instant qui précède le commen- cement : son point de départ est contenu dans le point d'arrivée comme un choc en retour. À partir de ce recul au sein même du présent, le présent s'accomplit, l'instant est assumé.

L'événement de l'instant, sa dualité paradoxale ont pu échapper à l'analyse philosophique pour laquelle le problème de l'origine a toujours été un problème de cause. On n'a pas vu que, même en présence de la cause, ce qui commence doit accomplir l'événement du commencement dans l'instant, sur un plan à partir duquel le principe de la non-contradiction (*A* n'est pas dans le même instant *non-A*) est valable, mais pour la constitution duquel il ne vaut pas encore. En dehors du mystère de la création *a parte creatoris*, il y a, dans l'instant de la création, tout le mystère du temps de la créature.

Ce mouvement de venir à soi sans partir de quelque part ne se confond pas avec celui qui franchit un intervalle du temps. Il se fait dans l'instant lui-même où quelque chose si l'on peut dire précède l'instant. L'essence de l'instant, son accomplissement, consistent à franchir cette distance intérieure.

La durée n'affecte pas le contact avec l'être accompli 132 par l'instant. Il ne faut pas prendre la | durée pour mesure de l'existence et contester au présent la plénitude de son contact avec l'être, sous prétexte que l'instant n'a pas de durée et que dans son contact avec l'être s'annonce déjà son détachement. L'évanescence de l'instant constitue sa présence même; elle conditionne la plénitude d'un contact avec l'être qui n'est en rien habitude, qui n'est pas hérité d'un passé, qui précisément est présent. L'absolu du présent n'est pas la négation de la destruction qu'opère le temps, n'est pas l'affirmation d'un durable.

f) *Le présent et le « je »*

La description ne peut donc en être faite en termes de souveraineté et de liberté bienheureuse, qui caractérisent la notion d'absolu dans la tradition philosophique. L'absolu de la relation entre l'existant et l'existence, dans l'instant, est à la fois fait de la maîtrise de l'existant sur l'existence, mais aussi du poids de l'existence sur l'existant.

Rien ne saurait annuler l'inscription dans l'existence qui engage le présent. La coupe de l'existence est bue jusqu'à la lie, épuisée ; rien n'est laissé pour le lendemain. Toute l'acuité du présent tient à son engagement sans réserve et en quelque manière sans consolation dans l'être. Il n'y a plus rien à accomplir. Il n'y a plus de distance à parcourir. L'instant s'évanouira. Mais cela veut dire simplement qu'il ne dure pas. L'évanescence du présent | rend possible cet absolu de l'engagement. La relation **133** avec l'être dans le présent ne s'accomplit pas sur le plan qui mène d'un instant à l'autre dans la durée. Il n'y a dans le présent considéré en lui-même que sa relation exceptionnelle avec l'être – rien qui s'annonce pour après. Il est le terme. Et dans ce sens il est arrêt. L'essentiel dans l'instant c'est sa *stance*. Mais cet arrêt recèle un événement.

L'évanescence du présent ne détruit pas le définitif et l'infini actuel de l'accomplissement de l'être qui constitue la fonction même du présent. L'évanescence le conditionne : par elle, l'être n'est jamais hérité, mais toujours conquis de haute lutte. Elle ne saurait abolir l'absolu du présent. Non point qu'une réflexion sur la durée parcourue et qu'un jugement abstrait – le passé est inviolable – découvre l'absolu de ce qui a été présent. L'absolu du présent est dans

la présence même du présent, donne une apparence d'être au passé et défie l'avenir incapable de le réduire au néant. Le contact qu'en a eu le présent empêcherait ce néant d'être égal au néant qui l'avait précédé : la mort toujours mena-çante n'arrête pas la « farce de la vie » – elle en fait partie. Si la mort est néant, ce n'est pas un néant pur et simple. Il conserve la réalité d'une partie perdue. Le « jamais plus » – *never more* – voltige comme un corbeau dans la nuit lugubre, comme une réalité dans le néant. L'insuffisance de
134 cette évanescence se manifeste dans le | regret qui l'accom-pagne. La mélancolie de l'éternel écoulement des choses qui s'attache paradoxalement à ce qui, dans l'instant, est la suprême garantie de *sa liberté de l'origine* et qui inscrit l'évanescence de l'instant dans un registre idéal des parties perdues (dans l'*Écclésiaste*), témoigne que le présent contient un nœud que sa pâmoison ne dénoue pas, que le présent dans son retour inévitable sur lui-même n'a pas la possibilité de son anéantissement.

Le présent est assujetti à l'être. Il lui est asservi. Le moi retourne fatalement à soi ; – il peut s'oublier dans le sommeil, mais il y aura un réveil. Dans la tension et la fatigue du commencement perle la sueur froide de l'irré-missibilité de l'existence. L'être assumé est une charge. Par là ce qu'on appelle le tragique d'être est saisi dans son origine même. Il n'est pas simplement la traduction des malheurs et des déceptions qui nous attendent et qui nous arrivent au cours de notre existence parce qu'elle est finie. Il est, au contraire, l'infini de l'existence qui se consomme dans l'instant, la fatalité dans laquelle se fige sa liberté comme dans un paysage hivernal où les êtres transis demeurent captifs d'eux-mêmes. Le temps, loin de constituer le tragique, pourra peut-être délivrer.

La présence du présent tient à son irrémissibilité, à son retour inévitable à elle-même, à son impossibilité de s'en détacher. Ce n'est pas définir | le présent par le présent, mais **135** apercevoir dans le présent une relation avec lui-même. Il ne se réfère qu'à soi ; mais la référence qui aurait dû l'éblouir de liberté l'emprisonne dans une identification. Le présent, libre à l'égard du passé, mais captif de lui-même, respire la gravité de l'être où il s'engage. Gravité au sein du présent, malgré sa rupture avec le passé. La fatalité qui écrase le présent ne lui pèse pas comme une hérédité, ne s'impose pas à lui parce qu'il naquit sans choisir sa naissance. Le présent est commencement pur. Mais dans son contact d'initiation, une instantanée maturité l'envahit ; à son jeu, il se pique et est pris. Il se pèse. Il est être et non point rêve, non point jeu. L'instant est comme un essoufflement, un halètement, un effort d'être. La liberté du présent trouve une limite dans la responsabilité dont elle est la condition. C'est le paradoxe le plus profond du concept de la liberté que son lien synthétique avec sa propre négation. Seul, l'être libre est responsable, c'est-à-dire déjà non libre. Seul l'être susceptible de commencement dans le présent s'encombre de lui-même. Le définitif qui s'accomplit dans le présent ne se pose donc pas initialement par rapport au temps. Il est une marque intrinsèque du présent. C'est en dehors de la dialectique du temps dont nous indiquerons plus loin quelques traits que nous avons traité du présent.

Le retour du présent à lui-même est l'affirmation | du *je* **136** déjà rivé à soi, déjà doublé d'un *soi*. Le tragique ne vient pas d'une lutte entre liberté et destin, mais du virement de la

liberté en destin, de la responsabilité. Le présent – événement de l'origine – se mue en être. De là l'équivoque essentielle du « je » : il *est*, mais reste inassimilable à un objet. Il
n'est ni une chose ni un centre spirituel dont rayonnent les
faits de conscience, s'offrant à la conscience d'un « je »
nouveau qui l'appréhenderait dans un nouveau recul.

Dans sa mue amphibologique d'événement en « étant »
et non point dans son objectivité, il faut saisir le « je ». Elle
consiste en cette possession *originelle* de l'être, où le moi
cependant retourne fatalement et irrémissiblement à soi.
L'identité du présent, comme l'identité du « je », ne supposent pas l'identité d'un terme logique. Le « présent » et le
« je » sont le mouvement de la référence à soi qui constitue
l'identité.

Le *cogito* cartésien avec sa certitude d'existence pour
le « je » repose sur l'accomplissement absolu de l'être
par le présent. Le *cogito*, d'après Descartes, ne prouve
pas l'existence nécessaire de la pensée, mais son existence indubitable. Sur le mode d'existence de la pensée,
il n'apporte aucun enseignement. Comme l'étendue, la
pensée, existence créée, court le risque du néant si Dieu –
seul être dont l'essence implique l'existence, s'en retirait.
137 L'évidence du *cogito* s'appuie dans ce sens | à l'évidence de
l'existence divine. Mais la certitude exceptionnelle du
cogito, à quoi tient-elle ? Au présent.

La certitude du cogito dans le passé ne se suffit pas.
Contre les défaillances toujours possibles de la mémoire,
il faut recourir à Dieu. Mais en même temps, la forme
personnelle du *cogito*, le « je » du « je pense » force cette
certitude. Le cogito n'est pas une méditation sur l'essence
de la pensée, mais l'intimité de la relation entre le moi et son

acte, la relation unique du «je» au verbe à la première personne. Enfin, c'est l'acte du doute – c'est-à-dire l'acte négatif, l'exclusion de toute position en dehors de l'instant qui est la situation privilégiée où s'accomplit irrésistiblement l'existence du présent et du «je». «Présent», «je», «instant» – moments d'un événement unique.

g) *Présent et position*

Cette référence à soi de l'instant présent est possible par la stance à partir du lieu. L'«arrêt» du présent est l'effort même de la position, dans lequel le présent se rejoint et s'assume. L'effort et le travail dans lesquels nous avons surpris au début de cette étude l'articulation de l'instant, se rattrapant dans un décalage sur lui-même, renvoient à l'effort et à la tension de la position qui leur sert de base. Maine de Biran n'a vu que l'effort dirigé sur le monde, dont l'analyse lui a fourni | l'expérience du sujet et non pas son **138** accomplissement même. La position offre par rapport à toute action et à tout travail dirigés sur le monde une originalité totale. Alors que la volonté et la résistance de l'effort biranien sont coordonnés ou se déterminent mutuellement, le lieu foulé dans la position du sujet soutient l'effort non seulement comme résistance, mais aussi comme base, comme condition de l'effort. Il n'y a, par rapport à l'événement de la position, aucune préexistence du sujet. L'acte de la position n'est étalé dans aucune dimension dont il tirerait son origine, il surgit dans le point même où il agit. Son action ne consiste pas à vouloir, mais à être. Dans l'acte dirigé sur le monde, à la fatigue s'ajoute un élan vers l'avenir – que ce soit pour un objet à fabriquer ou pour une

modification à produire en nous-mêmes. L'acte se
transcende. L'acte de la position ne se transcende pas. Cet
effort qui ne se transcende pas constitue le présent ou le
«je». À la notion d'existence – où l'accent est mis sur la
première syllabe, nous opposons la notion d'un être dont
l'avènement même est un repli en soi, qui, dans un certain
sens, contre l'extatisme de la pensée contemporaine, est une
substance.

Le souci heideggerien, tout illuminé par la compréhension (même si la compréhension elle-même se donne
comme souci), est déjà déterminé par la structure «dedans-
139 dehors» qui caractérise la | lumière. Sans être connaissance,
la temporalité de Heidegger est une extase, l'«être hors
de soi». Non point transcendance de la théorie, mais déjà
sortie d'une intériorité vers une extériorité. L'existence
demeure chez Heidegger un mouvement du dedans vers le
dehors; c'est même lui qui a saisi, dans sa forme la plus
profonde, l'ultime et l'universelle essence de ce jeu d'intériorité et d'extériorité par delà le jeu «sujet-objet» auquel
la philosophie idéaliste et réaliste le réduisait. L'originalité
de cette conception consiste à voir dans cette extase plus
qu'une propriété quelconque de l'âme, mais ce par quoi
l'existence existe. Elle n'est pas relation avec un objet, mais
avec le verbe être, l'action d'être. Par l'extase, l'homme
assume son existence. L'extase se trouve donc être l'événement même de l'existence. Mais dès lors l'existence est
«contemporaine» du monde et de la lumière. La question
que nous avons posée en partant de la *position* consiste
précisément à se demander si l'extase est le mode originel
de l'existence, si la relation qu'on appelle couramment

relation entre le moi et l'être, est un mouvement vers un dehors, si le *ex* est la racine principale du verbe exister.

h) *Le sens de l'hypostase*

Par la position dans l'*il y a* anonyme s'affirme un sujet. Affirmation au sens étymologique du terme, position sur un terrain ferme, sur une base, | conditionnement, fondement. **140** Le sujet qui s'arrache à la vigilance anonyme de l'*il y a* n'a pas été cherché comme *pensée* ou comme *conscience*, ou comme esprit. Notre recherche ne partait pas de l'antique opposition du moi et du monde. Il s'agissait de déterminer la signification d'un fait beaucoup plus général : de l'apparition même d'un existant, d'un substantif au sein de cette existence impersonnelle que – à parler rigoureusement, on ne peut nommer, car elle est pur verbe. Le verbe n'est pas simplement le nom d'une action comme le nom est nom d'une chose. La fonction du verbe ne consiste pas à nommer, mais à produire le langage, c'est-à-dire à apporter les germes de la poésie qui bouleverse les « existants » dans leur position et dans leur positivité même.

L'impersonnalité de l'*il y a* a été décrite dans les termes les plus radicaux : il n'était pas question seulement d'impersonnalité au sens, par exemple, où est impersonnel le Dieu de Spinoza ; ou le monde et les choses inanimées ; ou l'objet par opposition au sujet ; ou l'étendue par opposition à la pensée ; ou la matière par opposition à l'esprit. Tous ces êtres sont déjà personnels, car ce sont des existants, car ils supposent déjà la catégorie du substantif où ils se placent. Nous cherchions l'apparition même du substantif. Et pour indiquer cette apparition nous avons repris le terme

141 *d'hypostase* qui, dans l'histoire de la philosophie, | désignait l'événement par lequel l'acte exprimé par un verbe devenait un être désigné par un substantif. L'hypostase, l'apparition du substantif, n'est pas seulement l'apparition d'une catégorie grammaticale nouvelle; elle signifie la suspension de l'*il y a* anonyme, l'apparition d'un domaine privé, d'un nom. Sur le fond de l'*il y a* surgit un étant. La signification ontologique de l'*étant* dans l'économie générale de l'être – que Heidegger pose simplement à côté de l'être par une distinction – se trouve ainsi déduite. Par l'hypostase l'être anonyme perd son caractère d'*il y a*. L'étant – ce qui est – est sujet du verbe *être* et, par là, il exerce une maîtrise sur la fatalité de l'être devenu son attribut. Quelqu'un existe qui assume l'être, désormais *son* être.

Mais si nous avons cherché l'hypostase et non point la conscience, nous avons trouvé la conscience. L'hypostase, l'existant est une conscience, parce que la conscience est localisée et posée, et que par l'acte sans transcendance de la position, elle vient à l'être à partir de soi et déjà se réfugie de l'être en soi; parce que – et c'est un autre moment de la même situation – elle est présent, c'est-à-dire encore vient à l'être à partir de soi. Le présent n'est pas une portion de la durée, il en est une fonction : il est cette venue à partir d'un soi, cette appropriation de l'existence par un existant qu'est **142** le « je ». Conscience, position, présent, « je », | ne sont pas initialement – bien qu'ils le soient finalement – des existants. Ils sont des événements par lesquels le verbe innommable d'*être* se mue en substantif. Ils sont l'hypostase.

i) *Hypostase et liberté*

Mais cette frontière de l'inconscient à laquelle se tient
la conscience et qui définit l'événement ontologique de
la conscience, n'est pas la frontière de la négation. Le
sommeil est une modalité de l'être quand l'être se retire de
lui-même et quand il se libère de sa propre emprise sur
lui-même. Liberté qui ne fait pas intervenir le néant, qui
n'est pas « néantissement » comme on dit aujourd'hui. Mais
en revanche, liberté qui n'est que « pensée ». Sans mécon-
naître l'événement du sommeil, il faut noter que dans cet
événement même est déjà inscrit son échec. Le sommeil
fragile, sommeil aux ailes légères, est un état second.

Si par la conscience un existant surgit, la subjectivité
– comme précellence du sujet sur l'être – n'est pas encore la
liberté. Dans l'hypostase de l'instant – où sa maîtrise, sa
puissance, sa virilité de sujet se manifestent comme être
dans un monde ; où l'intention lui est oubli de soi dans la
lumière et le désir des choses, dans l'abnégation de la
charité et du sacrifice, – il est possible de distinguer le retour
de l'*il y a*. L'hypostase, en participant à l'*il y a*, se retrouve
comme solitude, comme le définitif de | l'enchaînement **143**
d'un moi à son soi. Le monde et le savoir ne sont pas des
événements où est émoussée la pointe de l'existence dans
un moi qui serait absolument maître de l'être, absolument
derrière lui. Le *je* recule par rapport à son objet et par
rapport à soi, mais cette libération à l'égard de soi apparaît
comme une tâche infinie. Le *je* a toujours un pied pris
dans sa propre existence. Dehors par rapport à tout, il est
intérieur par rapport à lui-même, lié à lui-même. L'existence qu'il a assumée, il y est à jamais enchaîné. Cette

impossibilité pour le moi de ne pas être soi, marque le tragique foncier du moi, le fait qu'il est rivé à son être.

La liberté de la conscience n'est pas sans condition. Autrement dit, la liberté dont la connaissance est accomplissement ne soustrait pas l'esprit à tout destin. Cette liberté elle-même est un moment d'un drame plus profond qui ne se joue pas entre le sujet et les objets – choses ou événements – mais entre l'esprit et le fait de l'*il y a* qu'il assume. Il se joue dans notre naissance perpétuelle.

La liberté du savoir et de l'intention est négative. C'est le non-engagement. Mais quelle est la signification du non-engagement dans l'aventure ontologique? C'est le refus du définitif. Le monde m'offre un temps où je parcours les différents instants et, grâce à l'évolution qui m'est offerte, je ne suis à aucun moment définitif. Toujours est-il que **144** j'emporte mon passé dont chaque instant est | définitif. Alors il me reste dans ce monde de lumière où tout est donné, mais où tout est distance, le pouvoir de ne rien prendre ou faire comme si je n'avais rien pris. Le monde de l'intention et du désir est précisément la possibilité d'une telle liberté. Mais cette liberté ne m'arrache pas au définitif de mon existence même, au fait que je suis à jamais avec moi-même. Et ce définitif c'est la solitude.

Le monde et la lumière sont la solitude. Ces objets donnés, ces êtres habillés sont autre chose que moi-même, mais ils sont miens. Eclairés par la lumière, ils ont un sens et, par conséquent, sont comme s'ils venaient de moi. Dans l'univers compris, je suis seul, c'est-à-dire enfermé dans une existence définitivement *une*.

La solitude n'est pas maudite par elle-même, mais par sa signification ontologique du définitif. Atteindre autrui ne se justifie pas par soi-même. Ce n'est pas secouer mon ennui. C'est ontologiquement l'événement de la rupture la plus radicale des catégories mêmes du moi, car c'est pour moi être ailleurs qu'en soi, c'est être pardonné, c'est ne pas être une existence définitive. La relation avec autrui ne saurait être pensée comme un enchaînement à un autre moi ; ni comme la compréhension d'autrui qui en fait disparaître l'altérité, ni comme la communion avec lui autour de quelque troisième terme.

A l'aide d'aucune des relations qui caractérisent | la 145 lumière, il n'est possible de saisir l'altérité d'autrui qui doit briser le définitif du moi. Disons en anticipant que le plan de l'*eros* permet de l'entrevoir, que l'autre par excellence, c'est le féminin par lequel un arrière-monde prolonge le monde. L'amour chez Platon, enfant du besoin, conserve les traits de l'indigence. Sa négativité est le simple « moins » du besoin et non point le mouvement même vers l'altérité. L'*eros*, séparé de l'interprétation platonicienne qui méconnaît totalement le rôle du féminin, est le thème d'une philosophie qui. détachée de la solitude de la lumière, et, par conséquent de la phénoménologie à proprement parler, nous occupera ailleurs. La description phénoménologique qui, par définition ne saurait quitter la lumière, c'est-à-dire l'homme seul enfermé dans sa solitude, l'angoisse et la mort-fin, quelles que soient les analyses de la relation avec autrui qu'elle apporte, n'y suffit pas. En tant que phénoménologie, elle reste dans le monde de la lumière, monde du moi seul qui n'a pas autrui en tant qu'autrui, pour qui autrui est un autre moi, un *alter ego* connu par la sympathie, c'est-à-dire par le retour à soi-même.

Nous pensons – et c'est le thème fondamental de la conception du temps qui dirige ces recherches – que le temps ne traduit pas l'insuffisance de la relation avec l'être qui s'accomplit dans le présent, mais qu'il est appelé à remédier à l'excès du contact définitif qu'accomplit l'instant. La durée sur un autre plan que celui de l'être – mais sans détruire l'être – résout le tragique de l'être. Mais si le développement de ce thème dépasse les limites que se pose la présente étude, nous ne pouvons pas nous empêcher d'esquisser, ne fût-ce que très sommairement, la perspective où se situent les thèmes sur le « je » et le « présent » que nous venons de poser.

| a) *Le « moi » comme substance et le savoir*   **148**

Dans le courant de la conscience qui constitue notre vie dans le monde, le moi se maintient comme quelque chose d'identique à travers la multiplicité changeante du devenir. Quelles que soient les traces que la vie nous imprime en modifiant nos habitudes et notre caractère, en changeant constamment l'ensemble des contenus qui forment notre être, un invariable demeure. Le « je » reste là pour relier l'un à l'autre les fils multicolores de notre existence.

Que signifie cette identité? Nous sommes portés à la considérer comme l'identité d'une substance. Le «je» serait un point indestructible, dont émanent actes et pensées sans l'affecter par leurs variations et leur multiplicité. Mais la multiplicité des accidents peut-elle ne pas affecter l'identité de la substance? Les relations de la substance avec les accidents sont autant de modifications de cette substance, et dès lors l'idée de substance apparaît dans une régression à l'infini. C'est alors que la notion du savoir permet de maintenir l'identité de la substance sous la variation des accidents. Le savoir est une relation avec ce qui, par excellence, demeure extérieur, la relation avec ce qui reste en dehors de toute relation, un acte qui maintient l'agent en dehors des événements qu'il accomplit. L'idée du savoir – relation et acte hors rang – permet de fixer l'identité

149 du «je», de le garder | enfermé dans son secret. Il se maintient sous les variations de l'histoire qui l'affecte en tant qu'objet, sans l'affecter dans son être. Le «je» est donc identique parce qu'il est conscience. La substance par excellence, c'est le sujet. Le savoir est le secret de sa liberté à l'égard de tout ce qui lui arrive. Et sa liberté garantit son identité. C'est grâce à la liberté du savoir que le «je» peut demeurer comme une substance sous les accidents de son histoire. La liberté du «je», c'est sa substantialité; elle n'est qu'un autre mot pour le fait que la substance n'est pas engagée dans la variation de ses accidents. Loin de dépasser la conception substantialiste du moi, l'idéalisme la préconise sous une forme radicale. Le *je* n'est pas une substance douée de pensée; il est substance parce qu'il est doué de pensée.

b) *Le « moi » comme identification et enchaînement à soi*

Mais l'interprétation idéaliste de l'identité du « je » utilise l'idée logique de l'identité, détachée de l'événement ontologique de l'identification d'un existant. L'identité, en effet, est le propre non point du verbe *être*, mais de ce qui est ; d'un nom qui s'est détaché du bruissement anonyme de l'*il y a*. L'identification est précisément la position même d'un étant au sein de l'être anonyme et envahissant. On ne peut donc pas définir le sujet par | l'identité, puisque l'iden- **150** tité recèle l'événement de l'identification du sujet.

Cet événement ne se produit pas en l'air ; nous avons montré qu'il est l'œuvre de la position et la fonction même du présent qui dans le temps – à partir duquel on l'aborde habituellement, – est la négation ou l'ignorance du temps. pure référence à soi, hypostase. En tant que référence à soi dans un présent, le sujet identique est certes libre à l'égard du passé et de l'avenir, mais reste tributaire de lui-même. La liberté du présent n'est pas légère comme la grâce, mais une pesanteur et une responsabilité. Elle s'articule dans un enchaînement positif à soi : le moi est irrémissiblement soi.

Considérer la relation entre *moi* et *soi* comme constituant la fatalité de l'hypostase, ce n'est pas faire un drame d'une tautologie. Être moi comporte un enchaînement à soi, une impossibilité de s'en défaire. Le sujet recule certes par rapport à soi, mais ce mouvement de recul n'est pas la libération. C'est comme si on avait donné de la corde à un prisonnier sans le détacher.

L'enchaînement à soi, c'est l'impossibilité de se défaire de soi-même. Non seulement enchaînement à un caractère, à des instincts, mais une association silencieuse avec soi-même où une dualité est perceptible. Être moi, ce n'est pas seulement être pour soi, c'est aussi être avec soi. Quand Oreste dit : « … Et de moi-même me sauver tous les jours »,

151 | ou quand Andromaque se plaint : « Captive, toujours triste, importune à moi-même », le rapport avec soi que disent ces paroles, dépasse la signification de métaphores. Elles n'expriment pas l'opposition dans l'âme de deux facultés ; volonté et passion, raison et sentiment. Chacune de ces facultés enferme le moi tout entier. Tout Racine est là. Le personnage cornélien est déjà maître de lui-même comme de l'univers. Il est héros. Sa dualité est surmontée par le mythe auquel il se conforme : honneur ou vertu. Le conflit est en dehors de lui, il y participe par le choix qu'il fera. Chez Racine, le voile du mythe se déchire. Le héros est débordé par lui-même. C'est là son tragique : le sujet est à partir de soi et déjà avec ou contre soi. Tout en étant liberté et commencement, il est porteur d'un destin qui domine déjà cette liberté même. Rien n'est gratuit. La solitude du sujet est plus qu'un isolement d'un être, l'unité d'un objet. C'est, si l'on peut dire, une solitude à deux ; cet autre que moi court comme une ombre accompagnant le moi. Dualité de l'ennui distincte de la socialité que nous connaissons dans le monde et vers laquelle le moi fuit son ennui ; distincte aussi du rapport avec autrui qui détache le moi de son soi. Dualité qui éveille la nostalgie de l'évasion, mais qu'aucun ciel inconnu, aucune terre nouvelle n'arrivent à satisfaire, car dans nos voyages nous nous emportons.

| c) *La pensée d'une liberté et le temps*   **152**

Mais pour que cette charge et ce poids soient possibles en tant que charge, il faut que le présent soit aussi la conception d'une liberté. Conception et non point la liberté même. On ne peut pas tirer de l'expérience de la servitude la preuve de son contraire. La *pensée* d'une liberté suffirait pour en rendre compte, pensée qui, par elle-même, impuissante sur l'être, montre ce que l'expression « l'acte de la pensée » comporte de métaphore. La pensée ou l'espoir de la liberté expliquent le désespoir qui caractérise dans le présent l'engagement dans l'existence. Elle est faite du scintillement même de la subjectivité qui se retire de son engagement sans le détruire. C'est cela la pensée de la liberté qui n'est que pensée : le recours au sommeil, à l'inconscience, fugue et non pas évasion ; divorce illusoire entre *moi* et *soi* qui finira par une reprise de l'existence en commun ; liberté qui ne suppose pas un néant où elle se jette, qui n'est pas comme chez Heidegger un événement de *néantissement*, mais qui se fait dans le « plein » même de l'être par la situation ontologique du sujet. Mais, espoir seulement de la liberté et non point liberté à l'égard de l'engagement, cette pensée frappe dans les portes fermées d'une autre dimension : elle pressent un mode d'existence où rien n'est définitif et qui tranche sur la subjectivité définitive du « je ». Nous venons de désigner l'ordre du temps.

| La distinction établie entre la libération et la simple **153** pensée d'une libération interdit toute déduction dialectique du temps à partir du présent. L'espoir d'un ordre où l'enchaînement à soi du présent puisse se dénouer, ne force pas encore ce dénouement. Il n'y a aucun exorcisme dialectique

dans le fait que le « je » conçoit une liberté. Il ne suffit pas de concevoir un espoir, pour déclencher un avenir.

d) *Temps de la rédemption et temps de la justice*

Mais impuissant de le déclencher, dans quel sens l'espoir vise-t-il le temps? Tourné vers l'avenir, est-il l'attente des événements heureux qui peuvent s'y produire? Mais l'attente d'événements heureux n'est pas par elle-même espoir. L'événement peut apparaître comme possible, en vertu des raisons positivement perceptibles dans le présent et alors, on attend avec plus ou moins de certitude un événement qui ne comporte d'espoir que dans la mesure où il est incertain. Ce qui fait l'acuité de l'espoir, c'est la gravité de l'instant où il s'accomplit. L'irréparable est son atmosphère naturelle. L'espoir n'est espoir que quand il n'est plus permis. Or ce qui est irréparable dans l'instant d'espoir, c'est son présent même. L'avenir peut apporter une consolation ou une compensation à un sujet qui souffre dans le présent, mais la souffrance même du présent reste comme un cri dont l'écho retentira à jamais 154 | dans l'éternité des espaces. Il en est du moins ainsi dans la conception du temps calquée sur notre vie dans le monde et que nous appelons, pour les raisons que l'on verra, le temps de l'économie.

En effet, dans le monde, le temps lui-même est donné. L'effort du présent s'allège du poids du présent. Il porte en lui l'écho du désir et les objets lui sont donnés « pour la peine ». Ils ne détendent pas la torsion de l'instant sur lui-même, ils l'indemnisent. La peine est vidée de ses exigences profondes. Le monde est la possibilité du salaire.

Dans la sincérité de l'intention qui exclut toute équivoque, le *moi* est naïf. Il se désintéresse du définitif attachement à soi. Le temps, dans le monde, sèche toutes les larmes, il est l'oubli de cet instant impardonné et de cette peine que rien ne saurait compenser. Toutes les implications du moi, toutes ses inquiétudes de soi, toute la mascarade où son visage n'arrive pas à se dépouiller de masques, perdent de l'importance.

L'alternance d'efforts et de loisirs où nous jouissons du fruit des efforts constitue le temps même du monde. Il est monotone car ses instants se valent. Il va vers un dimanche, pur loisir où le monde est donné, Le dimanche ne sanctifie pas la semaine, mais la compense. La situation, ou l'engagement dans l'existence qu'est l'effort, se refoule, se compense et s'amortit, au lieu d'être réparé dans son présent même : c'est l'activité économique.

| Dès lors, le monde économique n'embrasse pas **155** seulement notre vie dite matérielle, mais toutes les formes de notre existence où l'exigence du salut avait été marchandée, où Esaü a déjà vendu son droit d'aînesse. Le monde, c'est le monde laïque où le « je » accepte le salaire. La vie religieuse elle-même, quand elle se comprend dans cette catégorie du salaire, est économique. L'outil sert cette aspiration à l'objet comme à un salaire. Il n'a rien à faire avec l'ontologie, il se subordonne au désir, Il ne supprime pas seulement l'inconfortable effort, mais le temps d'attente. Dans la civilisation moderne, il ne prolonge pas seulement la main pour lui permettre d'atteindre ce qu'elle n'atteint pas ; il permet de l'atteindre plus vite, c'est-à-dire supprime dans l'acte le temps que l'acte est appelé à assumer. L'outil supprime les temps intermédiaires, il

ramasse la durée. Les outils modernes sont des machines,
c'est-à-dire des systèmes, des agencements, des ensembles,
des coordinations : installations d'éclairage, téléphones
automatiques, coordination du rail et de la route. La multiplicité d'organes est le trait essentiel de la machine. Elle
résume les instants. Elle fait de la vitesse, elle fait écho à
l'impatience du désir.

Mais ce temps de la compensation ne suffit pas à
l'espoir. Il ne lui suffit pas que la larme soit essuyée ou la
mort vengée ; aucune larme ne doit se perdre, aucune mort
156 se passer de résurrection. L'espoir ne | se contente donc pas
d'un temps composé d'instants séparés, donnés à un moi
qui les parcourt pour recueillir dans l'instant suivant, aussi
impersonnel que le premier, le salaire de sa peine. L'objet
véritable de l'espoir, c'est le Messie ou le salut.

La caresse du consolateur qui effleure dans la douleur
ne promet pas la fin de la souffrance, n'annonce pas
de compensation, ne concerne pas, dans son contact,
l'*après* du temps économique ; elle a trait à l'instant même
de la douleur qui alors n'est plus condamné à lui-même, qui
entraîné « ailleurs » par le mouvement de la caresse, se
libère de l'étau du « soi-même », se trouve de « l'air frais »,
une dimension et un avenir. Ou, plutôt, elle annonce plus
qu'un simple avenir, elle annonce un avenir où le présent
bénéficiera d'un rappel. Cet effet de la compassion, des plus
connus, est habituellement posé comme le fait premier de la
psychologie, par lui on explique. En fait, il est infiniment
mystérieux.

La peine ne se rachète pas. Comme le bonheur de
l'humanité ne justifie pas le malheur de l'individu, la rétri-
bution dans l'avenir n'épuise pas les peines du présent. Il

n'y a pas de justice qui puisse la réparer. Il faudrait pouvoir
revenir à cet instant ou pouvoir le ressusciter. Espérer,
c'est donc espérer la réparation de l'irréparable, c'est donc
espérer pour le présent. On pense généralement que cette
réparation est impossible dans le temps et que l'éternité
seule, où les instants distincts dans le | temps sont indis- **157**
cernables, est le lieu du salut. Et ce recours à l'éternité qui
ne nous semble pas indispensable, témoigne du moins de
l'exigence impossible du salut qui doit concerner l'instant
même de la douleur et non seulement donner compensation.
L'essence du temps ne consiste-t-elle pas à répondre à
cette exigence du salut? L'analyse du temps économique,
extérieur au sujet n'escamote-t-elle pas la structure essentielle du temps par laquelle le présent n'est pas seulement
indemnisé mais ressuscité? L'avenir n'est-il pas avant tout
une résurrection du présent?

e) *Le « je » et le temps*

Nous pensons que le temps est précisément cela. Ce
qu'on appelle « l'instant suivant » est résiliation de l'engagement irrésiliable de l'existence fixée dans l'instant, la
résurrection du « je ». Nous pensons que dans l'instant
suivant, le « je » n'entre pas identique et impardonné
– simple avatar – pour faire une nouvelle expérience dont
la nouveauté ne le débarrasse pas de son enchaînement à
soi; mais que sa mort dans l'intervalle vide aura été la
condition d'une nouvelle naissance et que l'« ailleurs » qui
s'ouvre à lui ne sera pas seulement un « dépaysement » mais
un « ailleurs qu'en soi », sans qu'il s'abîme, pour autant,
dans l'impersonnel ou l'éternel. Le temps n'est pas une

succession des instants défilant devant un je, mais la
158 réponse à | l'espoir pour le présent que, dans le présent,
exprime précisément le « je » équivalent au présent. Toute
l'acuité de l'espoir dans le désespoir tient à l'exigence du
rachat
de l'instant même du désespoir. C'est de l'espoir pour le
présent qu'il convient de partir comme d'un fait premier
pour comprendre le mystère de l'œuvre du temps. L'espoir
espère pour le présent même. Le martyre ne s'en va pas dans
le passé pour nous laisser un droit à un salaire. Au moment
même où tout est perdu, tout est possible.

En résumé, il ne s'agit pas de contester le temps de notre
existence concrète, constitué par une série d'instants par
rapport à laquelle le « je » est extérieur. Tel est en effet le
temps de la vie économique où les instants se valent et à
travers lesquels le « je » circule, pour en assurer la liaison.
Le temps y est le renouvellement du sujet, mais ce renouvellement ne chasse pas l'ennui. Il ne débarrasse pas le moi
de son ombre. Il s'agit de se demander si l'événement du
temps ne peut pas être vécu plus profondément comme la
résurrection de l'irremplaçable instant. A la place du « je »
qui circule dans le temps, nous posons le « je » comme le
ferment même du temps dans le présent, le dynamisme du
temps. Non pas celui de la progression dialectique, ni celui
de l'extase, ni celui de la durée où le présent empiète
sur l'avenir et par conséquent n'a pas entre son être et sa
résurrection l'intervalle du néant indispensable. Le dyna-
159 misme du « je » réside | dans la présence même du présent,
dans l'exigence que cette présence implique. Exigence qui
ne concerne pas la persévérance dans l'être, ni, à proprement parler, la destruction impossible de cette présence,

mais le dénouement du nœud qui se noue en elle : le définitif que son évanescence ne dénoue pas. Exigence d'un recommencement d'être et espoir dans chaque recommencement de son non-définitif. Le « je » n'est pas l'être qui, résidu d'un instant passé, tente un instant nouveau. Il est cette exigence du non-définitif. *La « personnalité » de l'être est son besoin même du temps* comme d'une fécondité miraculeuse dans l'instant lui-même par lequel il recommence comme autre.

Mais cette altérité, il ne peut pas se la donner. L'impossibilité de constituer le temps dialectiquement est l'impossibilité de se sauver par soi-même et de se sauver tout seul. Le « je » n'est pas indépendant de son présent, ne peut parcourir seul le temps, trouver sa récompense en niant simplement le présent. En situant le tragique humain dans le définitif du présent, en posant la fonction du *je* comme inséparable de ce tragique, nous ne trouvons pas au sujet les moyens de son salut. Il ne peut venir que d'ailleurs, quand tout dans le sujet est ici.

f) *Le temps et l'Autre*

Comment en effet le temps surgirait-il dans un | sujet **160** seul ? Le sujet seul ne peut se nier, n'a pas le néant. L'altérité absolue de l'autre instant – si toutefois le temps n'est pas l'illusion d'un piétinement – ne peut pas se trouver dans le sujet qui est définitivement *lui-même*. Cette altérité ne me vient que d'autrui. La socialité n'est-elle pas, mieux que la source de notre représentation du temps, le temps lui-même ? Si le temps est constitué par ma relation avec autrui, il est extérieur à mon instant, mais il est aussi autre chose qu'un objet donné à la contemplation. La dialectique du temps est la dialectique même de la relation avec autrui, c'est-à-dire un dialogue qui doit à son tour être étudié en des termes autres que ceux de la dialectique du sujet seul. La dialectique de la relation sociale nous fournira un enchaînement de concepts d'un type nouveau. Et le néant nécessaire au temps – dont le sujet est incapable – vient de la relation sociale.

La philosophie traditionnelle – Bergson et Heidegger y compris – demeurait dans la conception d'un temps, soit purement extérieur au sujet, d'un temps objet, soit entièrement contenu dans le sujet. Mais il était toujours question d'un sujet seul. Le moi tout seul – le monade – avait déjà un temps. Le renouvellement qu'apporte le temps se présentait à la philosophie classique comme un événement dont il peut être rendu compte par le monade : la négation. C'est dans l'indétermination du néant | auquel aboutit l'instant qui se nie à l'approche de l'instant nouveau, que le sujet puisait sa liberté. La philosophie classique passait à côté de la liberté qui ne consiste pas à se nier, mais à se faire *pardonner* son être, par l'altérité même d'autrui. Elle sous-estimait dans le dialogue par lequel autrui nous délivre, l'altérité d'autrui, puisqu'elle pensait qu'il existe un dialogue silencieux de l'âme avec elle-même. C'est à la mise en valeur des termes originaux dans lesquels il faut penser le dialogue qu'est subordonné en fin de compte le problème du temps.

g) *Avec l'Autre et en face de l'Autre*

La relation sociale n'est pas initialement une relation avec ce qui dépasse l'individu, avec quelque chose de plus que la somme des individus et supérieure à l'individu, au sens durkheimien. La catégorie de la quantité, ni même celle de la qualité ne décrit pas l'altérité de l'autre qui n'est pas simplement d'une autre qualité que moi, mais qui porte, si l'on peut dire l'altérité comme qualité. Encore moins le social consiste-t-il dans l'imitation du semblable. Dans ces deux conceptions la sociabilité est cherchée comme un idéal de fusion. On pense que ma relation avec l'autre tend à m'identifier à lui en m'abîmant dans la représentation collective, dans un idéal commun ou dans un geste commun. C'est la collectivité qui dit « nous », qui sent l'autre à | côté 162 de soi et non pas en face de soi. C'est aussi la collectivité qui s'établit nécessairement autour d'un troisième terme qui sert d'intermédiaire, qui fournit le commun de la communion. Le *Miteinandersein* heideggerien demeure aussi la collectivité de l'*avec*, et c'est *autour* de la « vérité » qu'il se révèle dans sa forme authentique. Il est collectivité autour de quelque chose de commun. Aussi comme dans toutes les philosophies de la communion, la socialité chez Heidegger se retrouve tout entière dans le sujet seul et c'est en terme de solitude que se poursuit l'analyse du *Dasein*, dans sa forme authentique.

A cette collectivité de camarades, nous opposons la collectivité du moi-toi qui la précède. Elle n'est pas une participation à un troisième terme – personne intermédiaire, vérité, dogme, œuvre, profession, intérêt, habitation, repas – c'est-à-dire elle n'est pas une communion. Elle est le face-à-face redoutable d'une relation sans intermédiaire, sans médiation. Dès lors l'interpersonnel n'est pas la relation en soi indifférente et réciproque de deux termes interchangeables. Autrui, en tant qu'autrui, n'est pas seulement un alter ego. Il est ce que moi je ne suis pas : il est le faible alors que moi je suis le fort; il est le pauvre, il est « la veuve et l'orphelin ». Il n'y a pas de plus grande hypocrisie que celle qui a inventé la charité bien ordonnée. 163 Ou bien il est l'étranger, l'ennemi, le puissant. | L'essentiel, c'est qu'il a ces qualités de par son altérité même. L'espace intersubjectif est initialement asymétrique. L'extériorité d'autrui n'est pas simplement l'effet de l'espace qui maintient séparé ce qui, par le concept, est identique, ni une différence quelconque selon le concept qui se manifesterait par une extériorité spatiale. C'est précisément en tant qu'irréductible à ces deux notions d'extériorité, que l'extériorité sociale est originale et nous fait sortir des catégories d'unité et de multiplicité qui valent pour les choses, c'est-à-dire valent dans le monde d'un sujet isolé, d'un esprit seul. L'intersubjectivité n'est pas simplement l'application de la catégorie de la multiplicité au domaine de l'esprit. Elle nous est fournie par l'Eros, où, dans la proximité d'autrui, est intégralement maintenue la distance dont le pathétique est fait, à la fois, de cette proximité et de cette dualité des êtres. Ce qu'on présente comme l'échec de la communication dans l'amour, constitue précisément la positivité de la relation; cette absence de l'autre est précisément sa présence comme autre. L'autre, c'est le prochain – mais la proximité n'est pas une dégradation ou une étape de la fusion. Dans la réciprocité des rapports, caractéristique de la civilisation, l'asymétrie de la relation intersubjective s'oublie. La réciprocité de la civilisation – le règne des fins

où chacun est à la fois fin et moyen, personne | et **164**
personnel[1], est un nivellement de l'idée de fraternité, qui est
un aboutissement et non point un point de départ et qui
renvoie à toutes les implications de l'eros. Il faut, en effet,
pour se poser dans la fraternité et pour être soi-même le
pauvre, le faible et le pitoyable, l'intermédiaire du père, – et
il faut pour postuler le père – qui n'est pas simplement une
cause ou un genre – l'hétérogénéité de moi et d'autrui. Cette
hétérogénéité et cette relation entre les genres à partir
desquels la société et le temps doivent être compris – nous
amènent au seuil d'un autre ouvrage. Au cosmos qui est le
monde de Platon s'oppose le monde de l'esprit, où les
implications de l'eros ne se réduisent pas à la logique du
genre, où le moi se substitue au *même* et autrui à l'*autre*.
L'originalité de la contrariété et de la contradiction de l'eros
a échappé à Heidegger, qui. dans ses cours, tend à présenter
la différence des sexes comme une spécification d'un
genre. C'est dans l'eros que la transcendance peut être
pensée d'une manière radicale, apporter au moi pris dans
l'être, retournant fatalement à soi, autre chose que ce retour,
le débarrasser de son ombre. Dire simplement que le moi
sort de lui-même est une contradiction, puisque, en sortant
de soi, le moi | s'emporte, à moins qu'il ne s'abîme dans **165**
l'impersonnel. L'intersubjectivité asymétrique est le lieu
d'une transcendance où le sujet, tout en conservant sa
structure de sujet, a la possibilité de ne pas retourner
fatalement à lui-même, d'être fécond et, disons le mot en
anticipant – d'avoir un fils.

1. Dans le livre de Maurice Blanchot, *Aminadab*, la description de cette
situation de réciprocité est poussée jusqu'à la perte d'identité personnelle.

Avoir du temps et une histoire, c'est avoir un avenir et un passé. Nous n'avons pas de présent. Il nous fuit entre les doigts. C'est dans le présent, cependant, que nous sommes et que nous pouvons avoir passé et avenir. Ce paradoxe du présent – tout et rien – est vieux comme la pensée humaine. La philosophie moderne a essayé de le résoudre en se demandant précisément si c'est dans le présent que nous *sommes* et en contestant cette évidence. Le fait originel serait l'existence où passé, présent et avenir se trouvent engagés à la fois, sans que le présent ait un privilège quelconque | pour loger cette existence. Le présent pur serait **168** une abstraction : le présent concret, gros de tout son passé, s'élance déjà vers l'avenir, il est avant et après soi-même. Supposer l'existence humaine comme ayant une date, comme placée dans un présent, serait commettre contre l'esprit le péché le plus grave, celui de la réification, le jeter dans le temps des horloges fait pour le soleil et les trains.

Le souci d'éviter la réification de l'esprit, de lui restituer dans l'être une place hors-rang et indépendante des catégories qui valent pour les choses, anime, de Descartes à Heidegger, toute la philosophie moderne. Mais dans ce souci – le présent – avec ce qu'il évoque de statique, se trouva englobé dans le dynamisme du temps, se définissant par un jeu de passé et d'avenir dont il est dorénavant interdit de le séparer pour l'examiner à part, Et, cependant, l'existence humaine comporte un élément de stabilité – elle consiste à être le *sujet* de son devenir. On peut dire que la philosophie moderne a été amenée peu à peu à sacrifier à la spiritualité du sujet sa subjectivité même, c'est-à-dire sa substantialité.

Il est désormais impossible de penser la substance comme la persistance sous le flot du devenir d'un *substratum* invariable, car alors on ne comprendrait pas la relation de ce *substratum* avec le devenir, relation qui en affecterait la subsistance. A moins de la placer comme noumène en 169 dehors | du temps. Mais alors, le temps cesserait de jouer un rôle essentiel dans l'économie de l'être.

Comment comprendre la subjectivité sans la placer toutefois en dehors du devenir ? En revenant au fait que les instants du temps ne sont pas à partir d'une série infinie où ils apparaissent, mais qu'ils peuvent aussi être à partir d'eux-mêmes. Cette façon, pour l'instant, d'être à partir de lui-même, de rompre avec le passé dont il vient, c'est le fait qu'il est présent.

L'instant présent constitue le sujet qui se pose à la fois, comme maître du temps et comme impliqué dans le temps. Le présent, c'est le commencement *d'un être*. Les formules qui reviennent constamment dans cet exposé comme « le fait de … », « l'événement de … », « l'accomplissement de … » cherchent à traduire cette transmutation du verbe en substantif, d'exprimer les êtres à l'instant de leur hypostase, où, encore mouvement, ils sont déjà substance. Elles se conforment à une méthode générale, qui consiste à aborder les états comme des événements. La vraie substantialité du sujet consiste en sa *substantivité* : dans le fait qu'il n'y a pas seulement anonymement de l'être en général, mais qu'il y a des êtres susceptibles de noms. L'instant rompt l'anonymat de l'être en général. Il est l'événement par lequel, dans le jeu de l'être qui se joue sans joueurs, surgissent des joueurs, dans l'existence – des existants ayant l'être à titre | d'attribut ; d'attribut exceptionnel, certes, mais d'attribut. 170 Autrement dit, le présent est le fait même qu'il y a un existant. Le présent introduit dans l'existence, la précellence, la maîtrise et la virilité même du substantif. Non pas celles que suggère la notion de la liberté. Quel que soit l'obstacle que l'existence offre à l'existant et l'impuissance de l'existant, l'existant est maître de son existence, comme le sujet est maître de l'attribut. Dans l'instant, l'existant domine l'existence.

Mais le présent n'est ni le point de départ, ni l'aboutissement de la méditation philosophique. Pas l'aboutissement. Il ne traduit pas une rencontre du temps et de l'absolu, mais la constitution d'un existant, la position d'un sujet. Elle est susceptible d'une dialectique ultérieure, à laquelle le temps fournit un accomplissement. Elle l'appelle. Car l'engagement dans l'être à partir du présent qui déchire et renoue la trame de l'infini, comporte une tension et comme une crispation. Il est événement. L'évanescence de l'instant, qui lui permet d'être présent pur, de ne pas recevoir son être d'un passé, n'est pas l'évanescence gratuite du jeu ou du rêve. Le sujet n'est pas libre comme le vent, mais déjà une destinée qu'il ne tient pas d'un passé ou d'un avenir, mais de son présent. L'engagement dans l'être

– s'il se dégage aussitôt du poids du passé, le seul qu'on ait
aperçu dans l'existence – comporte un poids propre que son
171 évanescence n'allège | pas et contre lequel le sujet seul, qui
se fait par l'instant, est impuissant. Le temps et Autrui sont
nécessaires à sa libération.

Le présent n'est pas le point de départ. Cette tension, cet
événement de la position, cette *stance* de l'instant n'équivaut ni à l'abstraite position du moi idéaliste, ni à l'engagement dans le monde du *Dasein* heideggerien, toujours
débordant le *hic* et le *nunc*. Elle est le fait de se poser sur le
sol, dans cet ici inaliénable qu'est la base. Elle permet de
rendre compte et de la substantialité et de la spiritualité du
sujet. Dans la position, dans la relation qu'elle accomplit
avec le lieu, dans l'*ici*, nous aurons l'événement par lequel
l'existence en général, anonyme et inexorable. s'ouvre
pour laisser place à un domaine privé, à une intériorité,
à l'inconscient, au sommeil et à l'oubli auxquels la
conscience, toujours réveil, rappel et réflexion, est adossée.
L'événement de l'instant, la substantivité, contient la
possibilité d'exister au seuil d'une porte derrière laquelle
on peut se retirer – et que la pensée moderne a pressenti
derrière la conscience. La conscience n'est pas seulement
incomplète sans son arrière-fond d'«inconscient», de
«sommeil» et de mystère. Son événement même de
conscience consiste à *être* en se ménageant une porte
de sortie, à se retirer déjà comme dans ces interstices de
l'être où se tiennent les dieux épicuriens et à s'arracher ainsi
172 à la fatalité de l'existence anonyme. | Lumière scintillante,
dont l'éclat même consiste à s'éteindre, qui à la fois est
et n'est pas.

En insistant sur la notion de position, nous n'opposons pas au *cogito*, essentiellement pensée et connaissance, quelque volonté ou sentiment, ou souci, qui seraient plus fondamentaux que la pensée. Nous pensons, au contraire, que les phénomènes de lumière et de clarté – et de liberté qui en est solidaire – dominent et la volonté et le sentiment; que les sentiments sont constitués sur le modèle « dehors-dedans » et ont pu être, dans une certaine mesure à juste titre, considérés par Descartes et par Malebranche comme des « pensées obscures », comme des « renseignements » sur l'extérieur qui affecte notre corps; que la volonté en mouvement du dedans vers le dehors présuppose déjà le monde et la lumière. Sentiments et volonté sont après le *cogito*. C'est dans la perspective du *cogito* que volonté et sentiment avaient été considérés de Descartes à Heidegger. On en cherchait toujours l'objet: le *cogitatum*; on les analysait comme des appréhensions.

Mais derrière le *cogito*, ou plutôt dans le fait que le *cogito* se ramène à « une chose qui pense », nous distinguons une situation qui précède la scission de l'être en un « dedans » et un « dehors ». La transcendance n'est pas la démarche fondamentale de l'aventure ontologique. Elle est fondée dans | la non-transcendance de la position. 173 L'« obscurité » des sentiments, loin d'être une simple négation de la clarté, atteste cet événement antérieur.

L'affirmation du moi en tant que sujet nous a amené à concevoir l'existence sur un autre modèle que celui de l'extase. Assumer l'existence n'est pas entrer dans le monde. La question « qu'est-ce qu'exister » ? véritablement distinguée de la question « Comment est constitué l'objet qui existe » ? le problème ontologique, se pose avant la scission de l'être en un dehors et un dedans. L'inscription dans l'être n'est pas une inscription dans le monde. La voie qui mène du sujet à l'objet, du moi vers le monde, d'un instant à l'autre, ne traverse pas la position où un être est placé dans l'existence et qui se révèle dans l'inquiétude qu'inspire à l'homme sa propre existence, l'étrangeté du fait jusqu'alors si familier qu'il est là, la nécessité si inéluctable, si habituelle, mais brusquement si incompréhensible d'assumer cette existence. C'est là, en somme, le véritable problème de la destinée de l'homme qui se moque de toute science et même de toute eschatologie ou théodicée. Il ne consiste pas à demander quelles sont les « histoires » qui peuvent arriver à l'homme, ni quels sont les actes conformes à sa nature, ni même quelle est sa place dans le réel. Toutes ces questions se posent déjà dans le cosmos donné du rationalisme grec, dans le théâtre du 174 monde, où des places sont toutes | prêtes pour accueillir les existants. L'événement que nous cherchions est antérieur à ce placement. Il concerne la signification du fait même que dans l'être il y a des étants.

TABLE DES MATIÈRES

Achevé d'imprimer en décembre 2021
La Manufacture - Imprimeur – 52200 Langres – Tél. : (33) 325 845 892
Imprimé en France – N° : 211201 – Dépôt légal : septembre 1993